KB185468

신방수 세무사의
확 바뀐 상가 투자 세무 가이드북
(실전 편)

상가 수익률을 높이고 싶다면, 세금관리가 답이다!

신방수 세무사의
확 바뀐
상가 투자
세무 가이드북

실전 편

신방수 지음

두드림미디어

머리말

상가는 대표적인 수익형 부동산으로 주택이나 토지보다 세제가 비교적 단순하다. 상가는 영업용으로 사용하기 때문에 과세를 강화하면 임대료가 상승하는 등의 폐단이 있기 때문이다. 그런데도 상가를 둘러싼 세제가 예상보다 복잡하다고 느끼는 사람들이 많다. 왜 그럴까? 이는 두말할 필요도 없이 거래유형별로 세제가 시시각각 바뀌기 때문이다. 예를 들어 거래단계마다 부가세 처리가 복잡하고, 재산세가 일반세율의 16배가 나오는 경우도 발생한다. 또한, 양도세 계산이 쉽지 않은 경우도 많고, 상속과 증여 시 재산평가로 골머리를 앓는 경우도 많다. 또한, 취득자 명의에 따라 세금의 내용이 달라지기도 한다. 특히 법인으로 취득한 경우가 그렇다. 여기에 추가해 부동산 임대업에 대한 세제가 점점 강화되면서 개인과 법인 모두 세금관리에 비상등이 켜지고 있다.

이 책《확 바뀐 상가 투자 세무 가이드북(실전 편)》은 이러한 배경 아래 상가에 관한 다양한 세무상 쟁점을 해결하기 위해 집필했다. 그렇다면 이 책의 장점은 무엇일까?

첫째, 이 책은 국내 최초로 상가에 대한 세무를 다뤘다.

이 책은 9장과 부록으로 구성됐다. 1장은 상가 세금에 대한 기초지식을, 2장은 상가 명의를 선택하는 요령을, 3장부터 8장까지는 개인 명의의 상가에 대한 세금을, 9장은 법인 명의의 상가에 대한 세금을 다뤘다. 그리고 부록에서는 상가와 관련된 부가세를 다뤘다.

- **1장** 상가와 세무상 쟁점
- **2장** 상가 용도와 명의에 따른 세금 변화
- **3장** 상가와 사업자등록
- **4장** 상가 취득 시의 취득세와 부가세 처리법
- **5장** 상가 보유 시의 재산세 중과세 등 처리법
- **6장** 상가 임대 시의 부가세와 소득세 처리법
- **7장** 상가 양도 시의 부가세와 양도세 처리법
- **8장** 상가 상속·증여 시의 세무 처리법
- **9장** 법인으로 상가 운영 시의 세무 처리법
- **[부록]** 상가 부가세 기초상식(포괄양수도 포함)

둘째, 실전에 필요한 다양한 사례를 들어 문제해결을 쉽게 하도록 했다.

이 책은 실무적응력을 높이기 위해 모든 내용을 사례 중심으로 입체적으로 분석했다. 이론과 사례를 결합해서 분석하면 실무적응력이 커지기 때문이다. 이 외에 실무적으로 더 알아두면 유용할 정보들은 Tip이나 절세 탐구를 추가해서 정보의 가치를 더했다.

셋째, 상가에 대한 세무정보를 입체적으로 다뤘다.

이 책은 상가 거래 시 발생할 수 있는 세무상 쟁점을 다양한 각도에서 분석했다. 예를 들어 책의 전반을 상가 투자자의 관점에서 취득세와 부가세, 소득세, 양도세, 법인세 등을 중점적으로 다뤘다. 이들이 거래의 당사자에 해당하기 때문이다. 물론 매매 등을 중개하는 중개사무소는 매도자와 매수자 양쪽 모두에 대한 세무상 쟁점을 파악할 수 있도록 이들의 시각에 맞춘 정보도 최대한 제공하고자 했다. 이 외에 상가와 관련된 이해관계자들을 위해 점점 강화되고 있는 부동산 임대업에 대한 최신 정보도 적극적으로 반영했다. 예를 들어 2025년부터 부동산 임대업을 중소기업 업종에서 배제하는 한편, 소규모 성실신고확인대상 법인에 대한 법인세율을 인상하는 것 등이 이에 해당한다. 임대업에 대한 세금이 늘어날 가능성이 크기 때문이다.

이 책은 많은 사랑을 받았던《상가 세무 가이드북》을 전면 개정한 책에 해당한다. 종전 책의 골격을 유지하면서도 디자인과 내용을 현재의 추세에 맞게 대폭 수정했다. 이에 따라 독자들은 종전보다 한결 쉽게 다양한 세무정보를 접할 수 있을 것이다. 특히 상가 거래의 당사자인 매도자와 매수자, 그리고 중개를 담당하는 부동산 중개사무소, 등기를 담당하는 등기사무소, 세무 실무를 책임지는 세무회계사무소 종사자들에게 유용성이 클 것으로 기대한다. 물론 상가 분양회사나 관련 업계의 종사자 그리고 일반인들도 마찬가지다. 이 책은 저자의 독창적인 아이디어로 구성한 창작물에 해당한다. 부족한 부분이 있다면 저자의 카페를 통해 알려주면 개정판을 통해 보완할 것을 약속드린다. 이 책과 관련된 질문이나 기타 세무정보 등이 필요하면 저자가 운영하는 네이버 카페(신방수세무아카데미)를 활용하기 바란다.

이 책은 많은 분의 응원과 도움을 받았다. 우선 이 책의 내용에 대한 오류 및 개선 방향 등을 지적해주신 권진수 회계사님께 감사의 말씀을 드린다. 그리고 항상 저자를 응원해주는 카페 회원들, 가족의 안녕을 위해 늘 기도하는 아내 배순자, 자기의 삶을 위해 고군분투하고 있는 두 딸 하영과 주영에게도 감사의 말을 전한다.

아무쪼록 이 책이 상가에 대한 세무지식을 늘리는 데 작은 도움이라도 됐으면 한다.

독자들의 건승을 기원한다.

역삼동 사무실에서
세무사 신방수

차례

머리말 • 4

일러두기 • 14

제 **1** 장
상가와 세무상 쟁점

상가 세금을 잘 알아야 하는 이유 … 16

상가 거래 시 발생하는 세금 … 18

상가 경매 시 발생하는 세금 … 22

상가 중개 시 알아야 하는 세금 … 27

절세 탐구 부동산 임대업에 대한 세제 정책의 기조 … 34

제 **2** 장
상가 용도와 명의에 따른 세금 변화

용도와 명의에 따라 달라지는 세금 … 40

개인 명의로 취득하는 경우의 세무 처리법 … 43

법인 명의로 취득해서 임대하는 경우의 세무 처리법 … 50

상가 취득 시 명의 선택요령 … 54

절세 탐구 사업자의 상가 취득 시 명의 검토 … 57

제 **3** 장
상가와 사업자등록

부가세법상 사업자의 종류 … 64

상가 임대업과 사업자등록 … 69

사업자등록신청과 부가세 환급 … 75

절세 탐구 1 일반과세자의 납세의무 … 80

절세 탐구 2 간이과세자의 납세의무 … 83

절세 탐구 3 일반과세자와 간이과세자의 과세유형 변경 … 86

절세 탐구 4 면세사업자의 납세의무 … 90

제 **4** 장
상가 취득 시의 취득세와 부가세 처리법

상가 취득과 취득세 개관 … 94

취득세가 중과세되는 경우(고급오락장용 건물) … 100

상가 취득과 부대비용 처리법 … 105

취득 시 낸 부가세 환급원리 … 109

부가세 환급과 사후관리 … 114

절세 탐구 환급받은 부가세가 추징되는 경우 … 119

─── 제 **5** 장 ───
상가 보유 시의 재산세 중과세 등 처리법

상가와 보유세 개관 ⋯ 124

중개 시 알아야 할 재산세 중과세 ⋯ 130

절세 탐구 상가 임대 시의 재산세 중과세와 개별소비세 ⋯ 134

─── 제 **6** 장 ───
상가 임대 시의 부가세와 소득세 처리법

상가 임대와 부가세의 계산 ⋯ 138

임대료에 대한 세금계산서 발급방법 ⋯ 142

상가 임대차계약의 형태에 따른 부가세 처리법 ⋯ 147

임대소득에 대한 소득세 과세방식 ⋯ 151

소득세 신고(단독명의) ⋯ 156

소득세 신고(공동명의) ⋯ 160

소득세 신고(성실신고확인사업자) ⋯ 164

상가 임대업과 건강보험료 ⋯ 169

절세 탐구 상가 임대업 비용처리법 ⋯ 173

제 7 장
상가 양도 시의 부가세와 양도세 처리법

상가 양도와 폐업에 따른 세무 처리법 … 180

상가의 양도와 부가세 발생 … 185

상가 양도세 계산원리 … 190

상가 일괄양도·취득 시 가액의 안분방법 … 193

토지·건물 일괄 취득·양도 시 안분계산 예외 신설에 따른 양도세 계산법 … 197

상가 필요경비 관련 양도세 절세법 … 202

상가 감가상각 의사결정 … 207

절세 탐구 1 　상가 양도 및 취득가액과 세무상 쟁점 … 210

절세 탐구 2 　상가겸용주택의 양도와 세무상 쟁점 … 215

제 8 장
상가 상속·증여 시의 세무 처리법

상가 상속·증여와 세금 … 220

상가 상속·증여에 따른 세무상 쟁점들 … 223

상가에 재산평가법이 중요한 이유 … 229

상가 증여와 부가세 … 232

사전증여와 합산과세 … 236

절세 탐구 　상속·증여받은 부동산 양도세 절세법 … 240

제 9 장
법인으로 상가 운영 시의 세무 처리법

개인과 법인의 상가 세금 비교 ··· 244

임대법인의 장단점 ··· 247

소규모 임대법인 등에 대한 세법상의 불이익 ··· 250

부동산 임대업의 법인으로의 전환 타당성 분석 ··· 254

절세 탐구 1 양도소득 대 사업소득 대 법인소득의 세금 비교 ··· 258

절세 탐구 2 부동산 과다보유법인(임대법인)이 주의해야 할 것 ··· 260

부록
상가 부가세 기초상식(포괄양수도 포함)

부가세 과세와 면세대상의 구분 ··· 264

상가에 대한 부가세 징수와 환급원리 ··· 268

상가 분양권의 거래와 부가세 계산 ··· 272

상가권리금과 부가세 등 처리법 ··· 276

절세 탐구 1 연속적인 재화(상가)의 공급과 부가세 과세원리 ··· 280

절세 탐구 2 상가의 공급과 폐업 시 잔존재화의 구분 ··· 283

절세 탐구 3 상가의 포괄양수도와 세무상 쟁점 ··· 287

• 일러두기 •

이 책을 읽을 때는 다음 사항에 주의하시기 바랍니다.

1 개정세법의 확인

이 책은 2024년 12월 중순에 적용되고 있는 세법을 기준으로 집필했습니다. 실무에 적용 시에는 그 당시에 적용되고 있는 세법을 확인하는 것이 좋습니다. 세법 개정이 수시로 일어나기 때문입니다.

2 용어의 사용

이 책은 다음과 같이 용어를 사용하고 있습니다.

- 부가가치세(법) ▶ 부가세(법)
- 종합소득세 ▶ 소득세
- 양도소득세 ▶ 양도세
- 종합부동산세 ▶ 종부세
- 농어촌특별세 ▶ 농특세
- 조세특례제한법 ▶ 조특법

3 세무 등 관련 법률정보

- 부가세, 법인세, 양도세 등과 관련된 세무정보는 저자의 카페나 국세청 홈페이지 등에서 알 수 있습니다.
- 사업자등록 신청, 단순경비율 등은 국세청 홈택스에서 조회할 수 있습니다.

4 책 내용 및 세무 상담 등에 대한 문의

책 표지의 안쪽 부분 하단을 참조하시기 바랍니다. 참고로 책에 관한 질문은 저자의 카페에서 자유롭게 할 수 있습니다.

제 **1** 장

상가와 세무상 쟁점

상가 세금을 잘 알아야
하는 이유

수익형 부동산의 맏형 격인 상가 관련 세제 동향이 심상치 않다. 정부에서 부동산 임대업에 대해 다양한 조치를 동원해서 세수를 늘리려는 움직임을 보이기 때문이다. 따라서 상가 임대업을 운영 중이거나 상가를 구입해 임대할 계획이 있는 예비사업자들은 상가와 관련된 세제에 밝을 필요가 있다. 이 외에도 상가를 자기 사업장으로 사용하고자할 때도 마찬가지다. 다음에서는 그 이유를 좀 더 구체적으로 알아보자.

첫째, 상가 거래 시 다양한 세목이 발생하기 때문이다.

상가도 부동산의 한 유형이므로 취득부터 상속까지 전 과정에서 다양한 세목이 발생한다. 그런데 이 과정에서 다양한 쟁점이 발생할 수 있다. 우선 몇 가지만 열거해보자.

- 취득세가 중과세될 수 있다.
- 재산세가 중과세될 수 있다.

- 소득세 신고 시 성실신고확인제도가 적용될 수 있다.
- 오래된 상가의 경우 양도세가 많이 나온다.
- 상속세나 증여세를 낼 때 감정평가를 받아야 할 때가 있다.
- 법인으로 운영 시 접대비 등 한도액이 축소된다.

둘째, 정부의 세제 정책이 조여오고 있기 때문이다.

국가는 개인과 기업 등으로부터 세금을 징수해서 예산으로 사용하는데, 세수가 목표치에 미달함에 따라 새로운 세원을 발굴하기 위해 노력 중이다. 이때 부동산 임대업도 그 범주에 들어온 것으로 보인다. 이에 따라 다음과 같은 정책들이 거론되고 있다.

- 부동산 임대업을 중소기업 업종에서 제외한다.
- 소규모 임대법인 등에 대한 법인세율을 19~24%로 인상한다.

◉ 실제 이러한 안이 확정되면 부동산 임대업을 운영하는 개인과 법인에 대한 세금이 다소 증가할 가능성이 크다. 자세한 것은 뒤의 해당 부분에서 살펴본다.

셋째, 세금관리에 실패하면 수익률이 확 떨어지기 때문이다.

상가를 임대하는 개인이나 법인이 거래단계마다 발생하는 세제를 통제하지 못하면 유출되는 세금이 커질 수 있다. 이는 상가 임대업의 수익률이 크게 떨어짐을 말한다. 이 외에도 자기의 사업장으로 사용한 때도 이러한 현상이 발생할 수 있다.

상가 거래 시
발생하는 세금

앞에서 본 것처럼 상가 임대를 통해 수익률을 높이기 위해서는 상가 세금에 대한 전반적인 관리가 필요하다. 다음에서는 이러한 관점에서 상가에 대한 세금체계부터 간략히 정리해보자.

1. 상가 거래와 세금의 체계

상가의 취득단계부터 양도단계까지 발생하는 쟁점 세금을 정리하면 다음과 같다.

* 상가를 취득해 이를 임대용으로 사용할 수도 있고, 자기의 사업을 위한 사업장으로도 사용할 수 있다.

1) 취득단계

• 취득가액의 4%(중과세는 8~12%) 상당의 취득세가 발생한다.

• 건물공급가액의 10%에 해당하는 부가세가 발생한다.

• 상가 취득자금과 관련해서 증여세 문제가 발생할 수 있다.

2) 보유·임대단계

• 매년 6월 1일을 기준으로 재산세·종부세가 부과된다.

• 임대보증금 및 임대료에 대해 부가세가 발생한다.

• 임대소득에 대해 소득세(법인은 법인세)가 발생한다.

3) 양도단계

• 양도단계에서도 부가세가 발생한다.

• 양도소득에 대해 양도세가 발생한다(법인은 법인세가 발생한다).

• 권리금에 대한 세무문제가 발생한다.

2. 적용 사례

K 씨는 이번에 상가를 하나 분양받았다. 상가의 분양가격구조는 다음과 같다. 물음에 답해보자.

구분	금액	비고
건물공급가액	1억 원	
토지공급가액	1억 원	
부가세	1,000만 원	토지는 면세
계	2억 1,000만 원	

01 취득세는 얼마인가? 단, 취득세율은 4%라고 한다.

취득세는 과세표준에 세율을 곱해서 계산한다. 여기서 쟁점은 부가세를 포함한 2억 1,000만 원에 세율을 곱할 것인지, 이를 제외한 2억원에 세율을 곱할 것인지가 된다. 이에 대해 세법은 부가세를 제외한 공급가액에 과세한다. 따라서 부가세 1,000만 원은 취득세 계산 시 포함되지 않는다. 그 결과 사례의 취득세는 800만 원(지방교육세 등 0.6% 추가 시 920만 원)이 된다.

02 이 상가의 적정임대수익률이 4%라면 월 얼마 정도의 임대수익이 발생해야 할까?

부가세를 제외한 투자금액이 2억 원이므로 이에 4%를 적용하면 연간 800만 원, 월로 따지면 67만 원 이상의 임대수익이 발생해야 한다. 참고로 이 수익은 세전 수익이 되므로 여기에 소득세(지방소득세 포함)를 차감하면 세후 수익률이 계산된다. 투자자들은 본인의 근로소득 등에 임대소득이 합산되어 과세되므로 이 부분을 고려해서 명의 등을 정하려는 노력이 필요하다.

03 이 상가를 1년 6개월 만에 2억 2,000만 원에 양도했다고 하자. 세율은 40%라고 가정한다면 양도세는 얼마일까? 단, 기본공제는 적용하고 다른 사항은 무시한다.

앞의 물음에 맞춰 답을 찾아보면 다음과 같다.

구분	금액	비고
양도가액	2억 2,000만 원	
-취득가액	2억 원	불공제되는 부가세는 취득가액에 가산함.
=양도차익	2,000만 원	
-장기보유특별공제	0원	보유기간 3년 이상 시 적용
-기본공제	250만 원	
=과세표준	1,750만 원	
×세율	40%	1~2년 미만 보유 시 적용되는 세율
-누진공제	0원	
=산출세액	700만 원	이 외 지방소득세(구 주민세)가 10% 별도 부과됨.

상가 경매 시
발생하는 세금

상가에 대한 투자는 본인의 자금과 대출을 이용하거나 경매 등을 통해 이루어지는 것이 일반적이다. 이 중 경매로 상가를 취득할 경우 앞서 설명한 세제들이 동일하게 적용되지만, 경매의 특성상 부가세가 발생하지 않는다는 점에서 차이가 난다. 다음에서 상가 경매투자자들이 알아야 할 세금문제를 알아보자.

1. 상가 경매와 세금

구분	일반 거래	경매
취득 시	• 부가세 • 취득세	• 부가세 X • 좌동
보유·임대 시	소득세	좌동
양도 시	• 부가세 • 양도세	• 좌동 • 좌동

경매로 취득한 상가에 대해서는 일반적으로 부가세가 발생하지 않는데 왜 그런지 이에 대한 관련 규정을 살펴보자.

⊙ 경매를 통해 재화를 공급하더라도 이를 과세하지 않는 이유는 경매 과정에서 부가세를 징수하기가 현실적으로 어렵기 때문이다.

2. 적용 사례 1

서울 영등포구에서 음식점업을 하는 K 씨는 임차하고 있는 건물에 대해 경매가 진행되어 본인이 이 건물을 낙찰받았다.

01 경매 시 발생하는 세금에는 어떤 것들이 있는가?

경매 시 발생하는 세금을 낙찰자와 건물주의 관점에서 정리하면 다음과 같다.

구분	낙찰자	건물주
취득세	낙찰가액의 4.6%	-
부가세	발생하지 않음.	좌동
양도세	-	양도차익에 대해 부담

02 K 씨가 낙찰을 받으면 세금계산서를 수취할 수 있는가?

세법상 경매는 원칙적으로 부가세 과세대상이 아니므로 세금계산서를 받을 수 없다.

03 향후 낙찰받은 상가를 양도하면 부가세가 발생하는가?

그렇다. 사업자가 과세사업에 사용하던 재화를 제3자에게 양도할 경우, 이는 재화의 공급에 해당한다. 따라서 건물 가액의 10%를 거래상대방으로부터 받아 이를 납부해야 한다.*

* 포괄양수도 거래 시 이를 생략할 수 있다. 이에 대한 자세한 내용은 부록을 참조하기 바란다.

3. 적용 사례 2

K 씨는 상가 경매에 참여해 낙찰을 받았다. 다음 자료를 보고 물음에 답해보자. K 씨는 일반과세자에 해당한다.

| 자료 |

• 낙찰가격 : 5억 원(당초 부가세 없었음)
• 임차인 명도소송비용 : 1,000만 원
• 임차인 이사비용 : 1,000만 원
• 취득세 등 : 2,000만 원
• 양도 예상가액 : 7억 원
• 기타 사항은 무시함.

01 취득 시 매입세액공제를 받지 않았음에도 불구하고 상가를 양도하면 건물분에 대한 부가세를 납부해야 하는가?

사업자가 과세사업에 사용하던 재화를 제3자에게 양도하는 경우, 이는 재화의 공급에 해당한다. 따라서 전체 양도가액 중 건물공급가액에 대해 10%만큼 부가세가 발생한다. 이는 취득 당시의 매입세액 공제 여부에 상관없이 부가세가 과세된다. 부가세가 발생하는 재화의 공급에 해당하기 때문이다.

02 취득 시 매입세액공제를 받은 것이 없더라도 임대업 폐지 시 건물분에 대한 부가세를 내야 하는가?

아니다. 당초 매입세액공제를 받지 않았기 때문에 폐업할 때 남아 있는 잔존가치에 대해서는 부가세 추징을 하지 않는다. 참고로 당초에 매입세액공제를 받은 상황에서 10년 이내에 사업을 폐지하면 폐업일 당시에 남아 있는 잔존재화에 대해 부가세를 부과한다.*

* 이에 대해서는 뒤에서 살펴본다.

03 K 씨가 앞의 상가를 양도하는 경우 양도세와 소득세는 얼마나 되는가? 단, 보유기간은 1년이 안 되며 기본공제와 소득공제는 없다고 하자.

앞의 자료에 따라 두 세금을 계산하면 다음과 같다.

양도세		소득세*	
양도가액	7억 원	양도가액(매출)	7억 원
-취득가액	5억 원	-취득가액	5억 원
-기타필요경비	3,000만 원	-기타필요경비	3,000만 원
=양도차익	1억 7,000만 원	-일반경비	1,000만 원
-장기보유특별공제	0원	=당기순이익	1억 6,000만 원
-기본공제	–	-소득공제	–
=과세표준	1억 7,000만 원	=과세표준	1억 6,000만 원
×세율	50%	×세율	38%
-누진공제	0원	-누진공제	1,994만 원
=산출세액	8,500만 원	=산출세액	4,086만 원

* 경매 등 부동산을 자주 사고파는 업을 세법상 부동산매매업이라고 한다. 이러한 매매업에 대해서는 양도세가 아닌 소득세가 과세되며, 세율은 단기매매에도 불구하고 6~45%가 적용된다. 이에 대한 자세한 내용은 저자의《확 바뀐 부동산매매사업자 세무 가이드북(실전 편)》을 참조하기 바란다.

 Tip 상가 등 수익형 부동산에 대한 세제 요약

- 취득 시에는 일반적인 취득세율 4%(농특세 등 포함 시 4.6%)가 부과된다(단, 고급오락장용 건물은 13.4%).
- 취득 시에는 건물공급가액의 10%만큼 부가세가 과세되는 것이 일반적이다.
- 임대 시에는 임대소득에 대한 종합과세가 적용되는 것이 원칙이다.
- 처분 시에는 부가세와 양도세의 과세문제가 있다.

상가 중개 시
알아야 하는 세금

상가를 중개할 때는 매도자와 매수자의 관점에서 다양한 세금문제를 이해하고 있어야 한다. 세금이 매매에 관한 의사결정에 막대한 영향을 미치기 때문이다. 특히 부가세 처리를 제대로 하지 않으면 중개 거래가 실패할 수 있다. 다음에서 이에 대해 살펴보자.

1. 상가 중개 시 실수하기 쉬운 것들

상가를 중개할 때 부가세와 관련해 실수가 자주 발생할 수 있는 유형들을 정리해보면 다음과 같다. 물론 이에 관한 내용은 본문을 통해 충분히 알아볼 것이다.

1) 매도자 관점

• 계약 시 양도가액에 부가세가 포함되는지를 알지 못한다.
일반과세자는 건물 가액 10% 상당액의 부가세를 매수자로부터 받아 이를 국가에 납부해야 한다. 이때 부가세는 당초 매입세액을 공제받지 않았더라도 상대방으로부터 받아야 한다. 이는 재화의 공급에 해당하기 때문이다.

◉ 현행 세법은 사업의 권리와 의무를 그대로 양도·양수하면 이를 재화의 공급에서 제외하고 있다. 따라서 이러한 계약을 하면 부가세를 개입시키지 않아도 된다.

• 포괄양수도에 대한 개념이 약하다.

실무에서 포괄양수도가 아니어도 부가세 없는 거래로 처리해서 낭패를 보는 경우들이 많다. 예를 들어 상가 중 토지를 제외한 건물만 매매하는 경우 등이 이에 해당한다.

• 부가세를 최소화하기 위해 건물공급가액을 임의로 구분한다.

공급가액을 임의로 구분할 경우 부가세뿐만 아니라 감가상각비에도 영향을 준다. 세법은 계약서상의 구분 기재된 금액을 인정하나, 해당 금액이 기준시가 비율로 안분했을 때와 비교해서 30% 이상 차이 나면 기준시가 비율로 안분하도록 하고 있다는 점에 유의해야 한다(단, 부득이한 사유는 제외).

• 상가 분양권을 양도할 때 부가세 처리를 잘못 이해하는 경우가 많다.

상가 분양권을 양도하면 건물공급가액의 10%가 부가세로 발생한다. 따라서 이 금액을 매수자로부터 받아 납부하거나, 포괄양수도계약을 체결해서 부가세 없이 처리해야 한다.

2) 매수자 관점

• 사업자등록 시기를 놓치는 경우가 있다.

매매계약을 할 경우 사업자등록을 제때 신청하지 않으면 부가세 환급을 받을 수 없으니 주의해야 한다. 현재는 공급시기가 속하는 과세기간 종료일로부터 20일 이내에 신청하면 된다. 예를 들어 매매 시 잔금 지급일이 3월 25일이라고 가정했을 때 7월 20일까지 일반과세자로 사업자등록을 하면 환급이 가능하다.

• 포괄양수도계약을 할 때 양도자가 일반과세자고, 양수자가 간이과세자면 양수자는 자동으로 일반과세자로 전환되므로 이에 유의해야 한다.

3) 중개사무소 관점

• 부가세 환급이 불가능함에도 이를 가능한 것으로 언급한 때도 있다.
◉ 비영리법인이나 면세사업자가 상가를 취득하면 부가세 환급을 받을 수 없으며, 간이과세자도 환급 대상이 아니다.

• 부가세 납부의무가 없음에도 불구하고 특약에 '부가세 별도'라고 표시한다.
◉ 물론 이렇게 해두더라도 세무상 문제는 없다.

• 포괄양수도계약이 가능하지만, 일반계약을 체결한 경우가 종종 있다.
◉ 사업포괄양수도가 아닌 경우 부가세가 발생하므로 특약사항에 '부가세 별도'라고 반드시 기재하도록 한다(부가세는 매매대금과 별도로 양수자가 부담한다).

- 포괄양수도가 아님에도 불구하고 포괄양수도계약을 맺는 예도 있다.
- ⊙ 이렇게 계약을 체결하면 양도자와 양수자 모두에게 막대한 손실을 안겨 준다. 따라서 이에 대한 정확한 설명과 실무처리가 있어야 한다.*

* 포괄양수도에 대해서는 부록에서 자세히 알 수 있다.

2. 적용 사례 1

공인중개사인 K 씨는 이번에 상가에 대한 매매계약을 체결하려고 한다. 매매 예상가액은 5억 원이다.

01 매매계약서상에 '부가세 별도'라고 표기됐다면 부가세는 어떻게 계산하는가?

총 공급가액에 대해 '감정평가비율 → 기준시가 비율'의 순으로 건물분과 토지분의 공급가액을 안분계산한다. 구체적인 계산방법은 잠시 뒤에 살펴보자.

02 만일 매매계약서상에 부가세가 언급되지 않았다면 부가세는 어떻게 계산하는가?

이 경우에는 총 공급가액 안에 부가세가 포함되어 있다고 본다. 다음 집행기준을 참조하자.

※ 세액이 별도 표시되지 아니한 대가의 공급가액(부가세 집행기준 29-0-4)

사업자가 재화 또는 용역을 공급하고 그 대가로 받은 금액에 공급가액과 세액이 별도 표시되어 있지 아니한 경우와 부가세가 포함되어 있는지가 분명하지 아니한 경우에는 그 대가로 받은 금액에 110분의 100을 곱한 금액을 공급가액으로 한다.

03 부가세를 발생시키지 않고 중개하는 방법은?

이 경우에는 포괄양수도계약을 맺으면 된다. 포괄양수도는 "사업장별로 사업용 자산을 비롯한 물적·인적시설 및 권리와 의무를 포괄적으로 승계시키는 것을 말한다(미수금, 미지급금, 사업과 관련 없는 토지·건물 등 제외)." 따라서 이러한 계약이 성립되면 부가세를 생략한 상태로 매매계약을 체결할 수 있다.

3. 적용 사례 2

서울 강남구에서 중개업을 하는 Y 씨는 다음과 같이 매매계약을 체결하려고 하고 있다. Y 씨는 이 거래에 대해 양도세가 대략 2억 5,000만 원 정도만 나올 것이라고 얘기했다. 과연 그럴까?

| 자료 |
- 매매가액 : 20억 원
- 양도 시의 토지 기준시가 : 9억 원, 건물 기준시가 : 6억 원
- 특약 : 모든 세금은 매수자가 부담

순차적으로 이 문제에 대해 접근해보자.

STEP 1 앞 사례의 쟁점

매수자가 세금을 모두 부담하는 식으로 계약하는 경우 부가세가 어떤 식으로 발생하는지가 쟁점이 된다.

STEP 2 부가세의 계산

세법은 부가세를 매수자가 부담하기로 되어있을 때는 앞의 거래금액에 부가세가 포함된 것으로 본다. 따라서 사례의 경우 양도가액에 부가세가 포함되는 것으로 보아 다음과 같이 부가세를 계산해야 한다.

- 건물공급가액의 계산

$$= \text{전체 공급가액 20억 원} \times \frac{\text{건물 기준시가 6억 원}}{\text{토지 기준시가 9억 원 + 건물 기준시가 6억 원 + 건물 기준시가 6억 원} \times 10\%}$$

$$= \text{20억 원} \times \frac{\text{6억 원}}{\text{15억 6,000만 원}} = 769,230,769\text{원}$$

- 부가세의 계산

부가세는 건물공급가액의 10%이므로 769,230,769원이 된다.

⊙ 20억 원에서 앞의 건물공급가액과 부가세를 차감하면 토지공급가액을 계산할 수 있다. 결국, 총 거래금액 20억 원은 다음과 같이 분해된다.

구분	금액	비고
건물공급가액	769,230,769원	
건물 부가세	76,923,076원	건물 가액×10%
토지공급가액	1,153,846,155원	
계	20억 원	

STEP 3 중개 시 교훈

사례에서 양도세만 나온다는 설명은 잘못된 것이다. 따라서 상가를 중개할 때는 부가세의 발생 여부, 계약에 따른 부담 주체, 포괄양수도 등 특약을 어떻게 정해야 하는지도 명확히 알아야 앞과 같은 위험을 피할 수 있다.

절세 탐구 　부동산 임대업에 대한 세제 정책의 기조

상가 임대업 등에 대한 정부의 세제 정책 기조는 어떻게 되는지 총 정리해보자. 이러한 내용은 상가 임대업에 대한 전반적인 세금관리를 위해 중요한 사항이 될 수 있다.

1. 취득 시의 세제

상가를 취득하면 취득세와 부가세가 발생한다. 이들 세목에 대해서는 현행의 정책 기조를 유지한다.

1) 취득세

표준세율은 4%(농특세 등 포함 시 4.6%)가 된다. 다만, 고급오락용 건물 등 사치성 재산은 12%(농특세 등 포함 시 13.4%)가 되며, 법인이 과밀억제 권역 내에서 취득하면 8%(농특세 등 포함 시 9.4%)가 적용될 수 있다.

◉ 취득세는 중과세에 관심을 둘 필요가 있다.

2) 부가세

부가세는 상가의 취득, 임대, 양도에 따라 0~10%가 발생하며, 부가세법상 사업자*의 유형에 따라 환급내용이 달라진다.

* 일반과세자와 간이과세자, 면세사업자로 구분한다. 참고로 일반업종의 간이과세자는 2024년 7월 1일부터 전년도 연간 매출액이 1억 400만 원에 미달하는 자로 바뀌었으나, 임대업의 경우에는 연간 4,800만 원으로 변동이 없다.

◉ 부가세는 거래단계마다 등장하므로 이에 대해서는 기본적으로 실무처리를 할 수 있어야 한다.

2. 보유·임대 시의 세제

상가를 보유하면 보유세가, 임대하면 부가세와 소득세가 발생한다. 이들 세목 중 소득세에 대해서는 세제를 강화한다. 부족한 세수를 보충하기 위해서다.

1) 보유세

재산세의 경우 대부분 일반세율(건물 0.25%)이 적용되지만, 해당 용도가 지방세법상 사치성 재산인 고급오락장용 건물에 해당하면 16배(4.0%)로 인상된다. 이 외에도 유흥장소로 사용되는 상가에 대한 개별소비세 과세문제도 발생한다. 한편 종부세는 토지의 공시지가가 80억 원을 초과할 때 발생한다.

◉ 상가 보유세는 재산세 중과세와 개별소비세 정도에 관심을 두면 된다.

2) 소득세

소득세는 임대소득 금액(수입-비용)에 대해 6~45%가 적용된다. 이때 수입금액이 5억 원 이상이 될 때는 수입과 비용에 대해 세무대리인으로부터 검증을 받아야 하는데, 이를 성실신고확인제도라고 한다. 한편 2025년부터 부동산 임대업이 중소기업 업종에서 제외될 것으로 보인다. 이 안이 통과되면 소득세가 다소 늘어날 가능성이 크다.

◉ 성실신고확인제도가 적용되거나 중소기업 업종에서 제외되면 소득세(법인은 법인세)가 증가할 수밖에 없다. 독자들은 이에 대해 어떤 대책이 있는지 관심을 둘 필요가 있다.

3. 양도 시의 세제

상가를 양도하면 부가세와 양도세가 발생한다. 이들 세목에 대해서는 현행의 정책 기조를 유지한다.

1) 부가세

부가세는 양도(상대방은 취득) 과정에서도 발생하는데, 이때 부가세를 제외하고 거래할 것인지, 포함해서 거래할 것인지를 결정해야 한다. 전자를 포괄양수도라고 한다.

◉ 양도과정에서 발생하는 부가세는 대부분 포괄양수도계약을 맺어 진행하는데 이를 잘못 처리하면 부가세 추징 등으로 이어질 수 있음에 유의해야 한다(부록 참조).

2) 양도세

상가를 양도할 때 양도세가 발생하는데, 이의 계산과정에서 다양한 쟁점들이 발생한다.

- 양도가액 → 토지와 건물 가액(영업권, 비품 등 포함)의 구분을 어떻게 할 것인지가 핵심이 된다.
- 취득가액 → 취득가액을 구분, 환산한 경우 가산세 문제 등이 있다.
- 장기보유특별공제 → 기본적으로 6~30%가 적용되나, 용도변경 시 적용방법에서 문제가 발생할 수 있다.

4. 상속·증여 시의 세제

상가를 상속이나 증여하면 상속세와 증여세(증여는 부가세)가 발생한다. 이들 세목에 대해서는 현행의 정책 기조를 유지한다.

1) 상속세

피상속인의 재산가액이 상속공제액을 초과한 금액에 대해 10~50%*의 세율로 과세된다.

* 2025년에도 이 세율을 적용하는 것으로 2024년 12월 10일에 확정되었다.

2) 증여세

증여를 받은 재산가액에서 증여공제액을 초과한 금액에 대해 10~50%의 세율이 적용된다.

3) 부가세

상가를 증여받으면 부가세의 문제가 발생할 수 있다. 다만, 실무적으로 대부분 포괄적으로 임대사업이 넘어가므로 부가세 문제가 없다(지분 증여는 출자지분의 변경으로 보아 증여세 문제는 없다).

◉ 상가와 관련된 상속세나 증여세는 주로 재산의 평가에서 많은 쟁점이 발생한다. 기준시가가 아닌 감정평가로 신고해야 하는 경우가 많기 때문이다.

5. 법인으로 운영한 경우의 세제

상가를 법인이 취득해서 임대한 경우에는 개인과 유사한 방식으로 각종 세금이 발생한다. 개인임대업과 법인임대업의 세제상 차이를 비교하면 다음과 같다.

구분	개인임대업	법인임대업	비고
취득세	• 일반 : 4.6% • 중과 : 13.4%	• 좌동 • 좌동(9.4% 중과세도 있음)	일부 차이 있음.
부가세	• 징수 : 10% • 환급 : 가능	좌동	차이 없음.
보유세	• 재산세 • 종부세	좌동	차이 없음.
소득세/법인세	소득세 6~45%	법인세 9~24%* (접대비, 차량비 한도 제한)	차이 있음.
양도세/법인세	양도세 6~45% 등	법인세 9~24%*	차이 있음.

* 소규모 임대법인 등은 19~24%가 적용될 예정임(2025년 이후).

◉ 임대업을 법인으로 운영하는 경우에는 일반법인과 비교하면 다양한 규제가 작동된다. 다음의 내용을 참조하자.

※ 부동산 임대업에 대한 소득세와 법인세 규제

구분	개인임대업	소규모 임대법인 등**
접대비 기본한도	1,200만 원(2025년)	600만 원(2025년)
운행일지 미작성 시 차량운행 비용 인정 한도	1,500만 원	500만 원
통합고용세액공제	중소기업 아닌 일반기업 공제 (2025년)	좌동
중소기업 특별세액감면	적용 제외	좌동
세율	6~45%	19~24%(2025년)
성실신고확인제도	매출 5억 원 이상 시	상시근로자 수 5인 미만 시 등

** 소규모 임대법인 등에 해당 시 : 성실신고확인제도 적용, 접대비와 차량운행비 한도 축소, 중소기업 제외, 법인세 세율 인상 등이 뒤따른다.

제 **2** 장

상가 용도와 명의에 따른
세금 변화

용도와 명의에 따라 달라지는 세금

상가는 임대업용으로 사용할 수 있고 자신의 사업장으로도 사용할 수 있다. 한편 상가 취득은 개인 명의로 할 수 있고 법인 명의로도 할 수 있다. 따라서 상가에 대한 세금은 이러한 변수에 따라서도 그 내용이 달라진다. 다음에서 이에 대해 정리해보자.

1. 용도에 따라 달라지는 상가 세금

상가를 구입해서 이를 자신의 사업장으로 사용하거나 임대용으로 사용하는 경우 세금이 어떤 식으로 달라지는지 정리해보자.

구분	자가 사용	임대용
개념	사업용 부동산 (유형자산)	임대용 부동산 (유형자산)
취득 시 세무처리	• 부가세 환급 : 일반과세자* • 취득세 : 4%(표준)	• 좌동 • 좌동

구분	자가 사용	임대용
임대 시 세무처리	• 임대소득 발생 X • 감가상각비는 본인의 사업에서 비용처리 • 중소기업 업종에 해당함.	• 임대소득 발생 • 감가상각비는 임대업에서 비용처리 • 임대업은 중소기업 업종 제외(2025년)**
양도 시 세무처리	• 양도세 : 6~45% • 부가세 : 포괄양수도는 생략 가능	• 좌동 • 좌동

* 상가를 면세사업용으로 사용하는 경우에는 부가세 환급이 불가능하다.

** 중소기업 업종에서 제외되면 접대비 기본한도가 연간 3,600만 원에서 1,200만 원으로 축소된다.

상가를 본인 사업을 위해 사용한 경우와 임대용으로 사용한 경우의 취득세와 양도세는 대동소이하나, 부가세 환급이나 소득세 처리에서는 차이가 있다.

2. 명의에 따라 달라지는 상가 세금

상가를 구입할 때 개인(본인 또는 가족) 또는 법인 명의로 취득해서 임대하거나 사용할 수 있다. 이때 세금이 어떤 식으로 달라지는지 정리해보자.

구분	개인취득	법인취득
취득 시 세무처리	• 부가세 환급 : 일반과세자 • 취득세 : 4%(표준)	• 좌동 • 좌동(단, 과밀지역은 8%)
임대 시 세무처리	• 소득세 : 6~45% • 감가상각비 계상 • 임대업 중소기업 업종에서 제외 (2025년)***	• 법인세 : 9~24%(소규모 임대법인 등은 19~24%) • 감가상각비 계상 • 소규모 임대법인 등의 업종은 중소기업 업종에서 제외(2025년)
양도 시 세무처리	• 양도세 : 6~45% • 부가세 : 포괄양수도는 생략 가능	• 법인세 : 9~24%(19~24%) • 좌동

*** 부동산 임대업이 조특법상 중소기업 업종에서 제외되면 중소기업에 관련된 각종 혜택을 부여받을 수 없다. 따라서 접대비의 기본한도가 1,200만 원이 되며, 고용세액공제 등도 일반기업에 해당하는 공제가 적용된다.

상가를 법인이 취득한 경우 몇 가지 내용이 달라진다.

- 취득세 → 과밀억제권역(과밀지역) 내에서 상가를 취득하면 8%의 취득세가 나올 수 있다.
- 소득세 → 소득세율 6~45% 대신에 9~24%의 법인세율이 적용된다. 다만, 소규모 성실신고확인대상 법인(소규모 임대법인 등)의 경우 세율이 19~24%로 인상된다(2024년 12월 10일에 확정됨).
- 양도세 → 양도세 기본세율 6~45% 대신에 9~24%의 법인세율이 적용된다. 다만, 소규모 임대법인 등의 경우 세율이 19~24%로 인상되므로 양도 전에 미리 확인해야 한다.*

* 소규모 임대법인 등에 대한 자세한 세제 분석은 9장에서 다루고 있다.

> **Tip** 단독명의와 공동명의의 세제 비교
>
> 상가를 단독명의와 공동명의로 취득한 경우의 세제를 비교해보자.
>
> | 구분 | 단독명의 | 공동명의 | 비고 |
> |---|---|---|---|
> | 취득세 | 4.6% | 좌동 | |
> | 재산세 | 단독과세 | 지분 과세 | 세액은 같음. |
> | 소득세 | 전체소득에 대해 과세 | 지분별 과세 | 공동명의가 유리 |
> | | 대출이자 비용으로 인정 | 출자를 위한 차입금은 비용으로 인정하지 않음. | 공동명의가 불리함.* |
> | 건강보험료 | 개인별 부과 | 좌동 | 상황에 따라 부과방식이 다양** |
> | 양도세 | 단독과세 | 지분 과세 | 공동명의가 유리 |
>
> * 공동명의자가 상가 취득 전에 대출을 받으면 이를 자본의 출자로 보아 이자비용을 인정하지 않을 수 있으므로, 동업계약서를 쓸 때 이 부분을 보완해야 한다. 즉, 출자금을 최소화하는 한편, 구입자금은 대출로 충당하고 이에 대한 이자는 임대수익으로 충당한다는 내용 등을 계약서에 반영한다(계약서 샘플은 저자의 카페에서 제공).
> ** 이에 대한 자세한 내용은 6장에서 살펴본다.

개인 명의로 취득하는 경우의
세무 처리법

앞의 내용을 토대로 개인 명의로 상가를 취득한 경우의 세무 처리법을 정리해보자. 물론 상가는 자기 사업장으로 사용할 수 있고 임대용으로 사용할 수도 있다. 다음에서는 이 두 가지의 조합에 따른 상가에 대한 세무 처리법을 알아보자.

1. 자기 사업용으로 사용하는 경우

1) 자기 사업장으로 사용한 경우의 세금

첫째, 취득세가 발생한다. 이때 세율은 4%(농특세 등 포함 시 4.6%)가 적용된다.

둘째, 부가세 환급은 사업자의 유형에 따라 환급 여부가 달라진다. 일반과세자는 환급이 가능하나 이 외 간이과세자와 면세사업자는 환급이 되지 않는다. 따라서 자기 사업장으로 사용할 때는 일반과세자가 취득하는 것이 좋다.

셋째, 자기 사업장으로 사용한 경우에는 임차료는 별도로 발생하지 않으며, 그 대신 감가상각비를 비용으로 처리할 수 있다. 물론 이와 관련된 재산세나 이자비용 등도 비용에 해당한다.

넷째, 사업장을 양도하는 경우에는 소득세가 아닌 양도세로 과세된다. 이때 양도가액을 토지와 건물로 구분하는 것이 원칙이다(비품 등은 별도로 분리해야 한다). 한편 취득가액은 당초 취득가액에서 감가상각 누계액을 차감해 계산한다.

2) 적용 사례

사례를 통해 앞의 내용을 확인해보자.

| 자료 |

- K 씨는 음식점업을 운영하는 일반과세자에 해당함.
- K 씨는 연간 3,000만 원에 해당하는 임차료를 지급하고 있음.
- K 씨는 6억 원짜리 상가를 분양받고자 함.
- 소득세 신고 시 적용되는 세율은 35% 정도임.

Q1 K 씨가 이 상가를 구입한다고 하면 부가세를 환급받을 수 있는가?

그렇다. 일반과세자에 해당하기 때문이다.

Q2 환급받을 수 있는 부가세는 얼마인가? 단, 취득가액의 절반이 건물의 공급가액이라고 하자.

부가세는 건물의 공급가액에 대해 발생하므로 3,000만 원(3억 원×10%)이 이에 해당한다.

03 만일 상가를 구입해 음식점업을 운영하면 소득세에 어떤 영향을 줄까?

상가를 구입해 이를 사용하면 임차료가 발생하지 않는다. 그 대신 감가상각비가 발생한다. 감가상각비는 30년 기준으로 연간 1,000만 원까지 처리가 가능하다고 하자. 따라서 이 경우 비용이 2,000만 원 줄어들고 이에 35%를 곱하면 700만 원 정도의 세금이 증가하게 된다. 물론 임차료가 나가지 않으므로 연간 2,300만 원의 현금유출을 줄일 수 있다.

04 만일 취득자금을 4%의 이자율로 조달하면 세금에 어떤 영향을 줄까?

구분		임차 시	구입 시
발생 비용	직접비(①)	연간 3,000만 원(임차료)	연간 2,400만 원(이자)
	감가상각비	–	연간 1,000만 원
	비용 계	3,000만 원	3,400만 원
절세효과(②)		1,050만 원(3,000만 원×35%)	1,190만 원(3,400만 원×35%)
순 현금 유출(①-②)		1,950만 원	1,210만 원

표를 보면 구입하는 안의 현금흐름이 다소 좋게 보인다. 다만, 이러한 분석모형은 가정에 따라 그 결과가 달라질 수 있다.

2. 임대용으로 사용하는 경우

개인이 임대를 위해 상가를 취득한 경우의 세무 처리법에 대해 알아보자.

1) 임대용으로 사용한 경우의 세금

첫째, 취득세가 발생한다. 이때 세율은 4%(농특세 등 포함 시 4.6%)가 적용된다.

둘째, 부가세 환급은 사업자의 유형에 따라 환급 여부가 달라진다. 일반과세자는 환급이 가능하나 간이과세자는 환급이 되지 않는다. 따라서 상가를 임대용으로 사용할 때는 일반과세자가 취득하는 것이 좋다.

셋째, 상가를 임대용으로 사용하면 임대료가 발생하며 이때 감가상각비를 비용으로 처리할 수 있다. 물론 이와 관련된 재산세나 이자비용 등도 비용에 해당한다.

넷째, 사업장을 양도하는 경우에는 소득세가 아닌 양도세로 과세된다. 이때 양도가액을 토지와 건물로 구분하는 것이 원칙이다. 한편 취득가액은 당초 취득가액에서 감가상각 누계액을 차감해 계산한다.

2) 적용 사례 1

사례를 통해 앞의 내용을 확인해보자.

| 자료 |
• K 씨는 6억 원짜리 상가를 분양받고자 함.

Q1 **K 씨가 이 상가를 구입한다고 하면 부가세를 환급받을 수 있는가?**

일반과세자로 등록하면 전액 환급을 받을 수 있다.

02 취득한 상가를 가족이나 자신이 세운 법인에 임대해도 되는가?

그렇다. 제한이 없다.

> **돌발퀴즈**
>
> **본인이 임대용으로 취득한 상가를 본인의 사업에 임대할 수 있을까?**
> 아니다. 소유자와 임차인이 동일한 경우, 이는 법적으로 임대차계약을 맺는 것이
> 불가능하기 때문이다. 따라서 본인이 소유한 상가를 본인이 사용하면서 임대료를
> 지급하는 계약 자체가 의미가 없으므로 세법상 부인될 가능성이 크다.

03 Q2에서 임대료는 어떤 식으로 정해야 하는가?

주변의 시세를 참작해서 정하면 된다. 이때 주의해야 할 것은 책정된
임대료에 대해서는 정상적으로 대가를 주고받아야 한다는 것이다.

3) 적용 사례 2

K 씨는 다음과 같은 상가건물을 가지고 있다.

구분	용도	비고
3층	사무실	
2층	사무실	
1층	근린생활시설	음식점 용도

01 앞의 건물을 모두 임대해서 임대소득 금액이 1억 원 발생하는 경우
소득세는 얼마나 예상되는가? 소득공제는 없다고 하자.

1억 원에 대해 35% 세율을 적용한 다음 누진공제 1,544만 원을 적
용하면 소득세는 1,956만 원이 예상된다.

02 만일 1층을 K 씨가 음식점으로 운영하는 경우 임대소득 금액은 5,000만 원으로 줄어드나, 음식점업에 의한 사업소득 금액은 1억 원이 추가된다고 하자. 이 경우 세금은 얼마인가?

K 씨 본인 명의로 음식점업을 운영하면 임대업과 음식점업의 소득 금액을 합산해서 과세하므로 3,706만 원이 발생한다.

- 사업소득 금액=1억 5,000만 원(5,000만 원+1억 원)
- 산출세액=1억 5,000만 원×35%-1,544만 원(누진공제)=3,706만 원

03 1층 음식점업을 배우자의 명의로 하는 경우 세금은 얼마나 나올까?

K 씨와 배우자 간에 임대차계약을 맺으면 K 씨의 임대소득 금액은 1억 원이 되고, 배우자의 음식업에 의한 소득금액은 5,000만 원이 된다. 이 경우에는 합산과세를 적용하지 않으므로 다음과 같이 둘의 세금의 합계액은 2,580만 원이 된다.

구분	부동산 임대소득	사업소득(1층)	계
납세의무자	K 씨	K 씨 배우자	
과세표준	1억 원	5,000만 원	
×세율	35%	15%	
-누진공제	1,544만 원	126만 원	
=산출세액	1,956만 원	624만 원	2,580만 원

K 씨가 임대업과 음식점업을 동시에 운영하는 경우에 비해 세금이 대략 1,000만 원 정도 줄어들었다. 하지만 이렇게 배우자 명의로 음식점업을 하게 되면 건강보험료가 추가되므로 이로 인해 세금 차이가 줄어들 수 있다.

K 씨가 1층을 배우자에게 무상으로 임대하면 어떤 문제가 발생하는가?

세법은 특수관계인 간에 무상으로 임대차계약을 맺으면 정상 임대료를 기준으로 부가세를 부과하고, 임대자에게는 부당행위계산으로 보아 해당 금액을 수입금액에 포함해 소득세를 부과한다.

Tip 가족에게 임대하는 경우에 주의할 점

가족에게 임대하는 경우에는 다음과 같은 점에 주의하자.
- 임대료는 시세에 맞춰 책정한다.
- 임대료는 정확히 주고받아야 한다.

법인 명의로 취득해서
임대하는 경우의 세무 처리법

법인이 임대를 위해 상가를 취득한 경우의 세무 처리법에 대해 알아보자.

1. 법인이 임대용으로 취득한 경우의 세금

첫째, 취득세가 발생한다. 이때 세율은 4%(농특세 등 포함 시 4.6%)가 적용된다. 다만, 수도권 과밀억제권역 내에서 설립된 지 5년이 안 된 법인이 이 지역 내의 상가를 취득하면 취득세가 중과세(9.4%)된다.[*]

[*] 과밀억제권역 밖에서 설립된 법인이 이 지역 내의 부동산을 취득하면 취득세 중과세를 적용하지 않는다.

둘째, 법인은 간이과세자가 될 수 없으므로 일반과세자로 등록한다. 따라서 이 경우 부가세를 전액 환급받을 수 있다.

셋째, 법인이 상가를 임대하면 임대료가 발생하며 이때 감가상각비를 비용으로 처리할 수 있다. 물론 이와 관련된 재산세나 이자비용 등도 비용에 해당한다. 다만, 소규모 임대법인 등은 대부분 성실신고확인 제도를 적용받게 되는데, 이에 대해서는 다음과 같은 규제가 뒤따른다.

- 접대비 기본한도가 축소된다. 2024년은 1,800만 원, 2025년 이후 는 600만 원이 기본한도가 될 것으로 보인다.
- 차량운행일지를 작성하지 않으면 승용차운행비용이 500만 원에 불과하게 된다.
- 일반법인에 대한 법인세율은 9~24%나, 소규모 임대법인 등은 19~24%가 적용될 예정이다.

넷째, 사업장을 양도하는 경우에는 소득세가 법인세로 과세된다.

2. 적용 사례

K 씨는 개인사업을 하고 있다. 그는 법인을 설립한 후 이 법인의 명의로 건물을 취득한 후 이를 임대받고자 한다. 다음 자료를 보고 물음에 답해보자.

| 자료 |

- 20×4년 매출 : 20억 원
- 20×4년 비용 : 12억 원(임차료 1억 원 포함)
- 건물 구입 예정임.
  - 매입예정가액 : 25억 원(건물 가액 10억 원, 부가세 1억 원 별도)
  - 대출금액 : 15억 원(이자율 4%, 연간 이자 6,000만 원)

Q1 만일 앞의 건물을 법인 명의로 구입한 경우 부가세는 환급이 가능한가?

임대법인은 무조건 일반과세자로 등록해야 하므로 전액 환급이 가능하다.

Q2 만일 법인이 취득해서 이를 K 씨에게 1억 원에 임대하면 K 씨는 세금이 달라지는가?

그렇지 않다. K 씨로서는 임차료 변동이 없기 때문이다.

Q3 법인이 이 건물을 1억 원에 임대하면 법인세는 얼마나 될까? 법인의 기타 비용은 1,500만 원이라고 하자.

구분	금액	비고
임대수입	1억 원	
−감가상각비	2,500만 원	10억 원/40년
−지급이자	6,000만 원	
−기타	1,500만 원	자료상 가정
=임대이익	0원	
−기본공제	150만 원	
=과세표준	0원	
×세율	9~24%	
=산출세액	0원	

Q4 법인의 대표이사나 주주는 건강보험료를 내야 할까?

근로소득을 받거나 배당을 받지 않는 한 건강보험료를 내지 않는다. 이 점이 법인의 장점 중 하나가 된다.

05 앞의 임대법인의 주주는 K 씨 25%, 배우자 등이 나머지를 보유하고 있다. 이들은 어떤 기준으로 배당을 받게 되는가?

자기의 지분율에 맞게 배당을 받게 된다. 불균등 배당을 받으면 증여세 등의 문제가 있다.

06 법인 명의로 상가를 취득할 때 어떤 점에 주목해야 할까?

법인 명의로 상가를 취득할 때는 다음과 같은 내용을 검토하는 것이 좋을 것으로 보인다.

- 법인으로 건물을 취득하면 부가세를 환급받을 수 있다.
- 특수관계인 간에는 어느 정도 자유롭게 임대차계약을 할 수 있다.
- 법인의 소득을 조절할 수 있고, 저렴한 법인세를 낼 수 있다.
- 법인의 잉여금은 주주의 지분율에 따라 배당을 할 수 있다.

상가 취득 시
명의 선택요령

상가 취득 시 명의는 크게 개인과 법인으로 나눌 수 있다. 물론 둘 중 어느 한쪽이 좋다고 단정할 수는 없다. 다음에서는 이러한 점을 고려해서 개인과 법인의 상가 명의에 대한 선택요령을 정리해보자.

1. 개인 명의의 선택

1) 개인 명의와 장단점

상가를 개인 명의로 취득한 경우의 장단점을 요약하면 다음과 같다.

장점	단점
• 의사결정이 쉽다. • 임차료를 내지 않아도 된다. • 시세차익을 얻을 수 있다.	• 면세사업자는 부가세 환급을 받을 수 없다.* • 지급이자 등이 발생할 수 있다.

* 면세사업자가 상가 취득 시에는 이 점에 주의해야 한다.

상가를 본인 명의로 취득한 경우에는 임대료가 발생하며, 부동산의 양도에 따른 시세차익을 얻을 수 있는 장점이 있다.

2) 개인 명의의 선택

다음과 같은 상황에서 개인 명의로 선택하는 것이 좋다.

• 소규모 건물을 취득하고자 하는 경우
• 임대소득 금액(수입-비용)이 1억 원 이하인 경우 등

2. 법인 명의로 취득하는 경우

1) 법인 명의의 장단점

법인 명의의 장단점을 요약하면 다음과 같다.

장점	단점
• 개인 임대보다 세율이 저렴하다. • 임대료 조절이 쉽다. • 건강보험료를 조절할 수 있다. • 개인의 자금을 세 부담 없이 이용할 수 있다. • 자녀 등에게 대물림을 쉽게 할 수 있다.	• 취득세 중과세의 문제가 있다. • 소규모 임대법인 등은 성실신고제도, 접대비, 승용차비용 한도 축소 등을 적용받는다. • 설립 및 청산 등의 절차를 밟아야 한다.

법인은 비교적 규모가 큰 부동산을 취득할 때 시도되는 유형으로, 저렴한 법인세율 및 대물림 등의 효과를 누릴 수 있는 장점이 있다. 다만, 법인의 부동산에 대해서는 이런저런 규제들이 상당히 많다(9장 참조). 따라서 법인을 선택하고자 할 때는 장점을 극대화하는 한편 단점을 최소화하는 전략이 필요하다.

2) 법인 명의로 선택하면 좋을 경우

법인 명의취득이 적합한 경우는 다음과 같은 상황이다.

- 규모가 있는 건물을 취득하고자 하는 경우
- 특수관계인 간 임대료를 조절하고 싶은 경우
- 법인을 키워 자산관리를 지속해서 하고 싶은 경우
- 가족 등에게 대물림을 하고 싶은 경우 등

◉ 앞의 내용을 보면 개인과 법인 명의 중 어떤 안이 좋을지의 여부는 명확하지 않다. 주어진 상황에 따라 대안이 달라질 수 있기 때문이다.

Tip 상가 관련 개인과 법인에 대한 세무상 쟁점 요약

구분	개인	법인
취득 시	중과세(고급오락장용 건물)	좌동(과밀지역 내 중과세 추가)
보유 시	중과세(고급오락장용 건물)	좌동
임대 시	중소기업 제외	좌동
	성실신고확인제도*	좌동*
양도 시	양도세	법인세
건강보험료 부과 시	사업장 또는 지역**	사업장**

* 개인의 경우에는 매출액(15억 원, 7.5억 원, 5억 원) 기준으로 성실신고확인제도를 적용하나, 법인은 주로 임대업 법인으로서 5인 미만의 상시근로자가 근무하면 이 제도가 적용된다.

** 건강보험료의 부담 관계는 다음과 같다.

구분		사업장 가입	지역 가입	건강보험료 산정기준	보험료율
개인 명의	직원○	○	–	사업소득	7.09%
	직원✕	–	○	소득+재산 점수	점수당 금액
법인 명의		○	–	급여***	7.09%

*** 대표이사는 무보수도 가능함.

사업자의 상가 취득 시 명의 검토

사업자들이 상가를 구입해 자신의 사업장으로 사용할 때 누구 명의로 할 것인지 관심이 많다. 다음에서는 고소득직업군의 하나인 병·의원 업을 운영하는 사업자를 예로 들어 이에 대해 알아보자.

사례

경기도 용인시에서 개원하고 있는 K 씨는 분양하고 있는 상가를 구입해 일정 기간 임대한 후 향후 본인의 병·의원 용도로 전환해 사용하고자 한다. 이 경우 어떤 식으로 취득자에 대한 명의를 정할 것인지 사례를 통해 알아보자.

│ 자료 │

- 10억 원짜리 상가구입
- 병·의원 소득세율 : 45%

---

01 원장의 명의로 하는 것이 좋을까?

아니다. 일단 상가는 원장의 명의로 하는 것을 피하는 것이 좋다. 병원소득과 임대소득이 합해지면 소득세가 많아지고 나중에 병·의원사업장으로 사용할 때 감가상각비와 이자비용 정도만 발생하기 때문이다.

▶ 이 외 부가세 환급 여부도 변수가 될 수 있다(병·의원은 병과에 따라 과세와 면세로 구분됨).

02 그렇다면 누구의 명의로 하는 것이 좋을까?

가족이나 법인 중 하나로 정한다. 이때 가족이나 법인은 임대인이 되고, 원장이 그 병원을 사용하면 임차료를 부담하는 방식이 된다.

◉ 이런 방식으로 하면 임대료와 보증금 조절이 가능하다. 단, 세법상 시가의 범위를 크게 벗어나서는 곤란하다.

03 가족 명의와 법인 명의 중 하나를 선택해야 한다면 어떤 안이 좋을까?

상황에 따라 달라지지만, 사례에서는 법인 명의를 선택해보자.

04 법인 명의로 하면 주주구성 등은 어떻게 할까?

법인으로 임대업을 운영하면 주주가 자본을 출자하고 그에 대한 수입과 비용을 법인 명의로 처리한다. 자본금은 제한이 없지만, 5,000만 원 내외에서 정하는 것이 일반적이다. 주주구성은 원장이 지분을 많이 보유해도 되고 가족을 포함할 수도 있다. 향후 배당을 고려한다면, 지분율을 균등하게 하면 좋다. 다만, 주식은 법인을 지배하는 수단이자 재산권이므로 이 부분에 좀 더 관심을 두면 좋다. 먼저 주주를 누구로 할 것인지 결정한 다음 지분율을 별도로 결정하면 될 것으로 보인다.

05 이사는 몇 명 선임해야 할까?

법인을 운영할 이사는 2명 정도 선임하고, 그중 한 명을 대표이사로 정하면 된다. 병·의원 원장은 대표이사도 가능하지만, 이를 맡지 않는 경우가 대부분이다.

06 상가를 법인 명의로 하면 어떤 세금이 발생할까?

먼저 취득세와 부가세가 발생한다. 취득세는 취득가액(부가세 제외)의 4.6%가 되며, 부가세는 건물공급가액의 10%가 된다. 참고로 10억 원 중 건물공급가액이 5억 원으로 구분되어 세금계산서가 발급됐다면 다음과 같이 세금이 발생한다. 이 부가세는 임대법인이 환급을 받을 수 있다.

- 취득세 10억 원×4.6%* = 4,600만 원

  * 과밀지역 내에서 취득할 때는 취득세 중과세(9.4%) 문제를 검토해야 한다. 사례의 용인시는 과밀지역 밖에 해당한다.

- 부가세 = 5억 원×10% = 5,000만 원

07 이때 상가 취득자금은 어떻게 조달하는가?

법인설립 시 낸 자본금과 은행대출금 그리고 개인 자금(이를 가수금이라고 함)으로 충당하게 된다. 개인 자금에 대해서는 이자를 지급할 필요는 없다. 예를 들어 자본금을 5,000만 원으로 하고, 은행 대출 5억 원 그리고 나머지 4.5억 원은 개인 자금으로 상가를 구입하면 다음과 같이 재무상태표가 만들어진다.

자산	부채
토지 5억 원 건물 5억 원	은행차입금 5억 원 차입금(가수금) 4.5억 원
	자본
	자본금 5,000만 원

08 상가를 취득한 후의 법인세 처리법은?

임대수입에서 임대비용을 차감해 이익을 계산하고 이에 맞춰 법인세를 계산하게 된다. 임대비용에는 건물감가상각비(통상 감가 기간은 40년

±25%이니 30년~50년 사이에서 선택 가능)가 포함된다. 물론 이자비용도 포함한다. 단, 개인차입금에 대해서는 이자를 지급하지 않아도 되고, 이자를 지급한다면 27.5%만큼 원천징수를 하게 된다.

09 소규모 임대법인*의 법인세율은?

* 주업이 임대업 법인으로 상시근로자 수가 5인 미만인 법인을 말한다(9장 참조).

원래 일반법인의 법인세율은 9~24%나, 소규모 임대법인 등은 2025년부터 19~24%가 적용된다. 소득세율은 6~45%니 이것만 보더라도 임대법인의 세금이 더 적음을 알 수 있다.

Q10 소규모 임대법인이 주의해야 할 세무상 쟁점은?

- 세무대리인이 소득금액을 검증하는 성실신고확인제도가 계속 적용된다.
- 접대비 기본한도는 원래 연간 3,600만 원인데 2025년부터 임대업종이 중소기업 업종에서 제외된다. 이렇게 되면 개인임대업의 접대비 기본한도는 1,200만 원이 되며, 임대법인은 1,200만 원의 50%만 인정되므로 600만 원이 한도가 될 것으로 보인다(2025년 2월 시행령 개정 예정임).
- 차량운행일지 미작성 시 원래 1500만 원을 비용으로 처리할 수 있으나, 임대법인은 500만 원으로 줄어든다.

◉ 이처럼 비용처리 한도가 줄어들지만, 임대법인의 대표이사 급여 등을 비용처리해서 이 부분을 상쇄할 수도 있다.

011 상가를 법인으로 취득하고자 할 경우의 계약, 법인설립 및 기장의뢰 절차는?

대표자의 명의로 먼저 계약을 한 후, 향후 법인이 설립되면 법인 명의로 계약자명을 바꾸면 된다. 법인설립은 법무사에 의뢰하고, 사업자등록 및 기장은 세무회계사무소에 의뢰하면 된다.

제 3 장

상가와 사업자등록

부가세법상 사업자의 종류

상가에 대한 다양한 세금을 이해하기 위해서는 우선 부가세법상의 사업자 종류부터 알아두는 것이 중요하다. 사업자의 종류에 따라 부가세 발생형태 및 징수의무 등이 달라지기 때문이다.

1. 부가세법상 사업자의 종류

1) 일반과세자

- 일반과세자는 연간 매출액이 4,800만 원(임대업) 이상인 사업자를 말한다. 단, 이 금액에 미달하더라도 일반과세자가 되는 예(간이배제 업종 등)도 있다.
- 임대료의 10%를 거래상대방으로부터 받아 이를 부가세로 납부해야 한다.

2) 간이과세자

- 간이과세자는 연간 매출액이 4,800만 원(임대업 외는 1억 400만 원)에 미달하는 사업자를 말한다. 다만, 이 금액 미만이라도 간이과세를 배제*하는 때도 있다.

  * 업종, 규모, 지역 등을 고려해서 대통령령으로 정하는 사업자가 이에 해당한다(부가세법 제61조 제1항 제2호 참조).

- 임대료에 업종별 부가가치율(임대업은 40%)과 10%**를 곱해 나온 세액을 부가세로 납부하게 된다.

  ** 부가가치율과 부가세율을 곱하면 임대업 간이과세자의 세율은 4%가 된다.

3) 면세사업자

- 면세사업자는 부가세가 완전히 면제되는 사업자를 말한다.
- 면세품목을 공급하는 경우에는 거래상대방으로부터 부가세를 받지 못한다.

◉ 이들에 대한 납세의무는 이 장의 절세 탐구에서 다루고 있다.

2. 적용 사례 1

K 씨는 다음과 같이 상가를 취득해 사업자등록을 내려고 한다.

| 자료 |

- 매수 예상가액 : 2억 원
- 부가세 : 500만 원

① K 씨가 일반사업자로 등록하면 부가세를 환급받을 수 있는가?

K 씨가 일반과세자로 사업자등록을 하면 매입 시 부담한 매입세액을 매출세액에서 전액 공제해준다.

② K 씨가 간이과세자로 등록하면 부가세를 환급받을 수 있는가?

K 씨가 간이과세자로 사업자등록을 하면 부가세를 환급받을 수 없다. 이들에 대해서는 부가세의 부담을 없애주는 대신 매입세액을 환급해주지 않기 때문이다.

③ K 씨가 면세사업자로 등록하면 부가세를 환급받을 수 있는가?

K 씨가 면세사업자로 사업자등록을 하면 부가세를 환급받을 수 없다. 면세사업은 재화 등의 공급 시 부가세 징수의무를 면제받기 때문에 매입세액을 전혀 환급하지 않는다.

④ 매수자가 비영리법인이지만 수익사업에 사용하기 위해 상가를 매수하면 부가세를 환급받을 수 있을까?

그렇다. 비영리법인이 임대 등 영리활동을 위해 상가를 구입한 경우 부가세를 환급해준다. 하지만 목적사업(종교사업 등)에 사용하기 위해 상가를 구입한 경우에는 이를 환급해주지 않는다.

3. 적용 사례 2

K 씨는 상가를 분양받으면서 일반과세자로 등록한 후 부가세 1,000만 원을 환급받았다. 그런데 1년 후에 관할 세무서에서 간이과세자로

변경하겠다는 통지서를 보내왔다. 이에 어떤 식으로 대처해야 할까?

이 문제는 사업연도 중에 사업자 유형이 변경되는 경우 이에 대한 대처방법을 알고 있는지를 묻고 있다. 순차적으로 접근해보자.

STEP 1 사업자 유형이 변경되는 이유

세법은 일반과세자로 되어있는 상황에서 연간 매출액이 4,800만 원(임대업) 미만으로 떨어지면 간이과세자로 과세유형을 변경할 수 있도록 규정하고 있다.

STEP 2 간이과세자로 변경 시 주의할 점

일반과세자에서 간이과세자로 바뀌면 일반과세자 지위에서 환급받은 부가세를 추징당할 수 있다. 사례의 경우 1,000만 원을 환급받았는데 이 중 일부가 추징될 수 있다는 것이다.

STEP 3 대책은?

이러한 상황에서는 간이과세를 포기하는 것이 좋다. 그래야 부가세를 추징당하지 않게 된다. 이에 대해서는 다음의 내용을 참조하자.

※ 간이과세 포기제도

① 간이과세 포기의 의의

간이과세자는 자신이 부담한 매입세액을 전액 공제받지 못하고 '매입 대가×0.5%' 만큼만 매출세액에서 공제받을 수 있다. 한편 일반과세자가 간이과세자로 유형이 변경될 수 있다. 이에 세법은 간이과세 포기제도를 둬서 일반과세를 적용받을 수 있도록 하고 있다.

② **포기절차**

'일반과세를 적용받고자 하는 달의 전달 마지막 날'까지 간이과세포기서를 관할 세무서장에게 제출하면 된다.

③ **간이과세 적용의 제한**

간이과세를 포기하면 일반과세자가 적용되는 날로부터 원칙적으로 3년이 속하는 과세기간까지는 간이과세를 적용받을 수 없다. 이렇게 포기하면 3년간은 일반과세자로 남아 있어야 한다는 뜻이다.

Tip **부동산 임대업 관련 일반과세자와 간이과세자의 비교**

구분	일반과세자	간이과세자
개념	전년도 연간 매출액이 4,800만 원(임대업 외는 1억 400만 원) 이상인 임대사업자(간이과세 배제 사업자 포함)	4,800만 원 미만인 사업자
부가세 신고	매출세액에서 매입세액 공제 후 납부	업종별 부가가치율*을 적용한 매출세액에서 세금계산서수취 세액공제 후 납부
세금계산서 발급	필수	발급의무 없음.**
부가세율	10%	업종별 부가가치율×10%
매입세액 공제	가능	매입가×0.5%
신고 주기	1년 2회(반기별), 법인은 4회(분기별)	1년 1회

* 임대업은 40%가 이에 해당함.

** 일반업종의 경우 4,800만~1억 400만 원 사이의 간이과세자는 세금계산서 발급의무가 있음.

상가 임대업과
사업자등록

사업자등록은 사업자가 관할 세무서에서 사업을 하겠다고 신고하는 행위를 말한다. 사업자등록이 없는 상태에서 사업을 하면 여러 가지 제재가 있다. 다음에서는 사업장의 의미 등에 대해 알아보자.

1. 사업장의 의미

사업자등록과 관련해서는 사업장이 중요하다. 사업장은 무엇을 의미하고 부동산 임대업의 사업장은 무엇인지에 대해 알아보자.

1) 사업장의 개념과 사업자 단위 과세

부가세는 원칙적으로 사업장마다 신고 및 납부해야 한다(부가세법 제6조 제1항). 따라서 '사업장'이 부가세의 납세지를 결정하는 기준이 된다.

2) 부동산 임대업의 사업장

부동산 임대업의 사업장은 원칙적으로 '그 부동산의 등기부상 소재지'가 된다. 따라서 여러 지역에서 임대업을 하면 사업장이 여러 개가 된다(부가세법 시행령 제8조).

※ 동일 사업장 여부

- 복합건물 내 상가를 2개 이상 분양받아 부동산 임대업 또는 판매업 등 각기 다른 사업을 운영하는 경우 각각 사업등록을 하는 것이나, 다만 바로 인접한 경우에는 하나의 사업장으로 등록할 수 있다(부가 46015-2531, 1999. 8. 23).
- 갑과 을이 공동으로 부동산 임대업을 운영하는 건물 일부에 갑이 임대업 이외의 다른 사업을 운영하는 경우에는 부동산 임대사업장과 다른 갑의 사업장은 별도의 사업장으로 보는 것으로, 공동사업자가 사업자 갑에게 유상으로 부동산 임대용역을 제공하는 경우에는 세금계산서를 발급해야 한다(부가 46015-4799, 2000. 12. 20).

◉ 사업장의 개념은 포괄양수도에서도 중요하다. 포괄양수도는 사업장별로 판단하기 때문이다.

3) 사업장 단위 과세

사업장이 2 이상인 사업자는 사업장별 과세원칙에 따라 여러 개의 납세지를 가지는 것이 원칙이다. 그런데 세법은 2 이상의 사업장이 있는 사업자에 대해 예외적으로 '사업자 단위'로 하나의 납세지를 갖는 것을 허용하고 있다. 이처럼 주된 사업장 1곳에서 사업자등록을 할 수 있는 제도를 "사업자 단위 과세"제도라고 한다.

2. 적용 사례

K 씨는 사업자등록을 하려고 한다. 사업자등록증을 보고 물음에 답해보자.

사업자등록증

(일반과세자/간이과세자)

등록번호 :

① 상호 :   ② 성명 :

③ 개업연월일 :   년   월   일   ④ 생년월일 :

⑤ 사업장소재지 :

⑥ 사업의 종류 :   업태   종목

⑦ 발급사유 :

⑧ 공동사업자 :

⑨ 주류 판매 신고번호 :

⑩ 사업자 단위 과세 적용사업자 여부 : 여(   ) 부(   )

⑪ 전자세금계산서 전용 메일주소 :

년   월   일

○○세무서장   직인

Q1 간이과세자로 등록할 수 있는가?

간이과세 적용 배제를 하지 않는 이상 간이과세자로 등록할 수 있다.

Q2 임대개시 전에 사업자등록을 해도 되는가?

사업장마다 사업개시일부터 20일 이내에 사업장 관할 세무서장에게 사업자등록을 신청하는 것이 원칙이다. 다만, 신규로 사업을 시작하는 경우 사업개시일 이전이라도 사업자등록을 신청할 수 있다(부가세법 제8조 제1항).

Q3 공동소유 상가의 지분이 동일하게 되어있는데 소득분배비율은 별도 신고해야 하는가?

공동사업자가 사업자등록을 할 때는 동업계약서상에 소득분배비율을 표시해서 세무서에 제출해야 한다. 일반적으로 상가 임대업의 경우 지분율과 소득분배비율이 같다. 만일 지분율과 소득분배비율이 다른 경우에는 세법상 문제(예: 증여세)가 발생할 수 있다.

Q4 미등록사업자에 대한 세법상의 불이익은?

사업자가 사업개시일로부터 20일 이내에 사업자등록을 신청하지 않을 때는 미등록기간에 발생한 공급가액의 1%를 미등록가산세로 부과한다. 이 가산세가 적용되는 경우 매출세금계산서 관련 가산세는 적용하지 않는다.

Q5 K 씨는 서울과 여수 등에서 상가를 각각 취득하려고 한다. 이 경우 사업자등록 장소는 어떻게 되는가?

부동산의 등기부상 소재지마다 사업자등록을 하는 것이 원칙이다. 또한, 동일세무서 관할이더라도 소재지가 다른 경우 각각 사업자등록을 해야 한다. 따라서 사례의 경우에는 서울과 여수 등에서 각각 사업자등록을 해야 한다.

◉ 다만, K 씨처럼 사업장이 둘 이상인 사업자는 '사업자 단위'로 해당 사업자의 본점 또는 주사무소 관할 세무서장에게 등록을 신청할 수 있다. 사업자 단위로 등록하려면 이를 적용받으려는 과세기간 개시 20일 전까지 등록해야 한다.

※ 사업자등록신청 시 제출서류

1. 사업자등록신청서 1부
2. 임대차계약서 사본(사업장을 임차한 경우에 한함)
3. 허가증 사본(해당 사업자)
   - 허가* 전에 등록하는 경우 허가 신청서 사본 또는 사업계획서
     * 인허가업종에 해당하는지는 국세청 홈택스에서 조회할 수 있다.
4. 동업계약서(공동사업자인 경우)
5. 재외국민, 외국인인 경우 입증서류
   - 여권 사본 또는 외국인등록증 사본
   - 국내에 통상적으로 주재하지 않는 경우 : 납세관리인 설정 신고서
6. 대리인 신청 시 : 위임장
7. 상가건물임대차보호법에 의한 확정일자를 받고자 하는 경우
   - 임대차계약서 원본
   - 임차한 사업장이 건물의 일부인 경우 해당 부분의 도면

사업자등록 정정 방법

사업자등록 후 등록상에 정정 사유가 발생한 경우에는 다음과 같이 조처하도록 한다
(부가세 집행기준 8-14-1).

① 공동사업자

공동사업자 중 일부 변경 및 탈퇴, 새로운 공동사업자 추가의 경우에는 사업자등
록을 정정해야 한다.

② 업종 변경

제조업을 운영하던 사업자가 제조업을 폐지하고 같은 장소에서 부동산 임대업을
운영하는 경우에는 업종이 변경되어 사업자등록을 정정해야 한다.

③ 면세사업자의 과세사업 추가

부가세 면세사업자로 등록한 사업자가 과세사업을 추가한 경우에는 사업자등록을
정정해야 한다.

④ 상속으로 인한 사업자의 명의 변경

사업자의 사망으로 인해 상속이 개시되는 때는 상속개시 후 실질적으로 사업을 운
영하는 상속인의 명의로 사업자등록을 정정해야 한다.

⑤ 개인 단독사업자가 공동사업자로, 공동사업자가 개인 단독사업자로 변경되는 경
우에는 사업자등록을 정정해야 한다.

사업자등록신청과
부가세 환급

사업자등록신청 시기는 사업의 시작을 의미하기도 하지만 부가세 환급을 위해 매우 중요한 의미가 있다. 다음에서는 상가를 취득할 때 발생한 부가세 환급을 위해 필수적으로 알아야 할 사업자등록 신청 시기 등에 대해 살펴보자.

1. 사업자등록 신청 시기

1) 원칙

사업개시일부터 20일 이내에 관할 세무서장에게 등록해야 한다. 이 때 사업자는 사업장 관할 세무서장이 아닌 다른 세무서장에게 사업자등록 신청서류를 제출할 수 있으며, 이 경우 사업장 관할 세무서장에게 사업자등록을 신청한 것으로 본다(부가세법 제8조 제1항, 제2항).

2) 사업개시 전 등록 여부

신규로 사업을 시작하려는 자는 사업개시일 이전이라도 사업자등록을 신청할 수 있다(부가세법 제8조 제1항 단서).

3) 부가세 환급을 위한 등록

부가세 환급을 위한 등록 시점은 공급일이 속한 과세기간 종료일부터 20일 내다.

2. 적용 사례 1

서울에 거주하고 있는 K 씨는 다음과 같이 상가를 취득하려고 한다.

구분	지급일	비고
계약금	20X6. 4. 1	
중도금	20X6. 5. 1	
잔금	20X6. 6. 1	20X6년 6월 2일부터 임대개시

01 사업개시일은 언제인가?

사례의 경우 부동산 임대용역의 개시일인 20X6년 6월 2일이 된다.

※ 사업개시일의 기준

① 제조업 : 제조장별로 재화의 제조를 시작하는 날
② 광업 : 사업장별로 광물의 채취·채광을 시작하는 날
③ 기타 : 재화 또는 용역의 공급을 시작하는 날

02 사업개시일 전에 사업자등록을 신청할 수 있는가?

가능하다. 부가세법 제8조 제1항에서는 신규로 사업을 시작하려는 자는 사업개시일 이전이라도 사업자등록을 신청할 수 있도록 하고 있다.

03 매입세금계산서상에 사업자등록번호가 아닌 매입자의 주민등록번호가 기재되어 있는 경우에도 부가세를 환급받을 수 있는가?

그렇다.

◉ 주민등록번호가 기재되어도 환급을 해주는 이유
사업자등록증을 발급받기 전까지는 세금계산서의 필요적 기재사항인 사업자등록번호 등을 알 수가 없다. 따라서 상황이 부득이하므로 해당 사업자 또는 대표자의 주민등록번호를 기재해서 세금계산서를 발급받더라도 매입세액을 공제받을 수 있도록 하고 있다.

3. 적용 사례 2

K 씨는 상가를 취득해서 임대사업자등록을 내려고 한다.

| 자료 |

• 상가 취득
  - 계약금 지급일 : 20×6년 1월 2일
  - 중도금 지급일 : 20×6년 2월 2일
  - 잔금 지급일 : 20×6년 3월 2일
• 상가 임대 시작일 : 20×6년 3월 3일

Q1 사업자등록을 20×6년 7월 20일까지 하는 경우 상가 취득 관련 부가세를 환급받을 수 있는가?

세법은 과세기간*이 종료된 달의 말일로부터 20일 이내에 사업자등록을 신청하면 이를 공제한다. 사례의 경우 20×6년 7월 20일 이내에 사업자등록을 신청하면 20×6년 1월 이후 발생한 모든 부가세를 공제해준다.

* 신규사업자는 '사업개시일~그날이 속하는 과세기간 종료일'을 말하나, 사업개시일 이전에 사업자등록을 신청한 경우에는 '신청일~해당 과세기간의 종료일'을 말한다.

Q2 만일 사업자등록신청을 20×7년 1월 20일까지 하면 20×6년 1과세기간에 발생한 부가세는 매입세액공제가 가능한가?

그렇지 않다. 이 경우에는 기간의 경과로 인해 부가세 공제가 되지 않는다.

※ 관련 규정 : 부가세법 제39조(공제하지 아니하는 매입세액)

① 다음 각호의 매입세액은 매출세액에서 공제하지 아니한다.

8. 제8조에 따른 사업자등록을 신청하기 전의 매입세액. 다만, 공급시기가 속하는 과세기간이 끝난 후 20일 이내에 등록을 신청한 경우 등록신청일부터 공급시기가 속하는 과세기간 기산일까지 역산한 기간 내의 것은 제외한다.

거래단계별 상가의 세금 흐름

상가의 핵심적인 세금문제를 거래단계별로 정리해보자.

절차	개인	법인
취득 시	• 취득 명의의 선택(개인, 법인 등) • 부가세 → 10%(일반과세자), 4%(간이과세자), 0%(비사업자) • 취득세 → 취득가액(VAT 제외)의 4.6%(고급오락장은 13.4%)	좌동(단, 과밀안 법인취득 시 9.4%의 취득세 중과)
▼		
사업자등록과 부가세 환급	• 사업자등록 → 사업개시일로부터 20일 내 등록, 사업개시 전도 가능 • 부가세 환급을 위해서는 계약과 동시에 등록하는 것이 좋음.	좌동(단, 법인은 설립과정이 있음)
▼		
보유 시	• 재산세(매년 6월 1일 기준, 고급오락장은 4%로 중과세) • 종부세(토지 공시지가가 80억 원 초과 시 부과됨)	좌동
▼		
임대 시	• 임대료에 대한 부가세(임대보증금에 대해서도 발생) • 소득세 → 다음 해 5월 중 신고(단, 성실신고확인사업자는 6월까지)	좌동(단, 법인은 다음 해 3월 중 법인세 신고, 성실신고 법인은 4월 말)
▼		
양도 시	• 상가 양도 또는 폐업 시 잔존재화*에 대한 부가세 검토 → 일반적으로 상가는 잔금청산 후에 폐업하는 것이 바람직함. • 양도세 → 양도일이 속하는 달의 말일로부터 2개월 이내에 신고	좌동(단, 양도차익에 대해 법인은 법인세로 신고)
▼		
폐업신고	• 폐업신고 → 상가 양도 후 폐업신고 • 부가세 신고 → 폐업일이 속한 달의 말일로부터 25일 내	좌동

* 폐업 시 잔존재화 : 폐업 시 남아 있는 재화(건물 등)를 말한다.

절세 탐구 1　　　**일반과세자의 납세의무**

일반과세자는 연간 매출액(임대료)이 4,800만 원(임대업 외는 1억 400만 원) 이상인 사업자를 말한다. 이들은 부가세 과세대상 거래금액의 10%를 상대방으로부터 징수하고, 세금계산서 발급 등의 세법상 협력 의무가 있다. 현행 세법은 이러한 사업자들을 대상으로 다양한 규제제도를 두고 있는데 다음에서 이에 대해 살펴보자.

1. 일반과세자의 부가세 요약

일반과세자의 부가세 관련 세무특징을 정리하면 다음과 같다.

취득 시

취득 시에 발생하는 건물공급가액의 10%는 환급을 받을 수 있다.

▼

임대 시

- 임대료에 대해서는 원칙적으로 세금계산서를 발급해야 한다.
- 임대료 및 임대보증금 이자 상당액에 부가세가 부과된다.
- 6개월 단위로 부가세를 신고 및 납부한다. 납부세액은 '매출세액에서 매입세액을 차감'해 계산한다.

▼

양도 시

- 양도 시 건물 가액의 10%만큼 부가세가 발생한다.
- 앞의 부가세에 대해서는 포괄양수도로 이를 생략할 수 있다.

2. 적용 사례

K 씨는 이번에 상가를 구입해서 임대사업을 하려고 한다.

01 월 임대료가 200만 원 정도 나올 것으로 예상한다. 이 경우 사업자 유형은 어떻게 정해야 하는가?

원칙적으로 사업 초기에 사업자 유형은 일반사업자와 간이과세자 중에서 선택할 수 있다. 다만, 사업 초기라도 간이과세의 적용을 배제*하는 때도 있으므로 이 부분을 확인해야 한다.

* 업종, 규모, 지역 등을 고려해서 대통령령으로 정하는 사업자를 말한다(부가세법 제61조 제1항 제2호 참조).

02 상가구입 시 부가세가 2,000만 원 발생한다고 한다. 이 경우 환급받을 방법은?

이를 환급받기 위해서는 일반과세자로의 등록이 필요하다. 간이과세자는 부가세를 환급받을 수 없다.

03 만일 앞의 상가의 매수자가 비사업자에 해당하면 부가세를 환급받을 방법은 있는가?

비사업자는 사업자가 아니므로 상가 양도 시 부가세 징수의무를 지지 않는다. 따라서 이 경우 부가세를 환급받을 수 없다.

일반과세자라도 환급을 받을 수 없는 경우(부가세법 제39조)

① 세금계산서를 수취하지 않는 경우와 기재가 불성실한 경우

② 매입처별 세금계산서합계표를 제출하지 않았거나 기재가 불성실한 경우

③ 사업과 관련 없는 지출의 매입세액

④ 접대비 관련 매입세액

⑤ 면세사업*과 토지** 관련 매입세액

⑥ 비영업용 소형승용차*** 관련 매입세액

* 병·의원 등 면세사업자가 상가를 취득하면 건물에 대한 부가세는 공제받을 수 없다.

** 상가의 토지에 관련된 매입세액은 공제를 받을 수 없다.

*** 개별소비세가 부과되는 차량에서 발생한 부가세는 공제를 받을 수 없다.

절세 탐구 2 　간이과세자의 납세의무

간이과세자는 연간 매출액(임대료)이 4,800만 원(임대업 외는 1억 400만 원)에 미달하는 사업자를 말한다. 다음에서 상가와 관련한 간이과세자의 납세협력 의무에 대해 살펴보자.

1. 간이과세자의 세무특징

간이과세자의 부가세 관련 세무특징을 정리하면 다음과 같다.

| 취득 시 | 취득 시에 발생하는 건물공급가액의 10%는 환급을 받을 수 없다. |

▼

| 임대 시 | • 임대료에 대해서는 원칙적으로 세금계산서를 발급할 수 없다.
• 임대료 및 임대보증금 이자 상당액에 부가세가 부과된다.
• 1년 단위로 부가세를 신고 및 납부한다. 납부세액은 '공급 대가에 부가가치율과 부가세율을 곱'해 계산한다. |

▼

| 양도 시 | • 양도 시 건물 가액에 부가가치율과 10%를 곱한 만큼 부가세가 발생한다.
• 앞의 부가세는 포괄양수도로 생략할 수 있다. |

※ 간이과세자의 부가세 신고 및 납부 요약

• 간이과세자는 매입세액이 매출세액을 초과하더라도 그 초과액은 환급되지 않는다.
• 간이과세자는 연간 공급 대가(부가세가 포함된 금액을 말함)가 4,800만 원(1억 400만 원)에 미달하면 부가세 신고만 하고 납부는 하지 않아도 된다(부가세법 제69조).
• 간이과세자는 1년간의 실적을 다음연도 1월 25일까지 신고 및 납부한다.

2. 적용 사례

K 씨는 상가를 경매로 낙찰받아 6월부터 보증금 1,000만 원에 월 70만 원의 임대료를 받고 있으며, 간이 사업자등록을 해놓은 상태다.

01 이 경우 부가세는 내야 하는가?

간이과세자는 연간 매출액이 4,800만 원(임대업 외는 1억 400만 원)에 미달하면 부가세 납부면제를 받는다. K 씨는 이에 해당한다.

02 부가세를 내지 않아도 된다면 부가세 신고는 하지 않아도 되는가?

부가세를 내지 않더라도 부가세 신고는 해야 한다. 납부의무가 면제되는 간이과세자는 기한 후 신고를 하더라도 부과되는 가산세는 없다.

03 소득세도 내지 않아도 되는가?

부가세와 소득세는 전혀 별개의 세목에 해당한다. 따라서 부가세를 면제받더라도 소득세는 별도로 신고해야 한다.

04 향후 이 건물을 양도하면 부가세가 발생하는가?

간이과세자가 임대물건을 양도하는 경우 원칙적으로 재화의 공급에 해당한다. 따라서 건물공급가액에 업종별 부가가치율 40%와 부가세율 10%를 순차적으로 곱한 만큼 부가세가 발생한다. 예를 들어 건물 가액이 1억 원이라면 예상되는 부가세는 다음과 같다.

- 부가세 = 1억 원×40%×10% = 400만 원

최근 개정된 간이과세제도

내용	종전	개정
간이과세 기준금액	직전 연도 공급 대가 4,800만 원 미만	직전 연도 공급 대가 1억 400만 원 미만 (단, 부동산 임대업 또는 과세 유흥장소는 4,800만 원 미만)
납부의무면제 기준금액	해당연도 공급 대가 합계액 3,000만 원 미만	해당연도 공급 대가 합계액 4,800만 원 미만 (위 부동산 임대업 등 포함)
세금계산서 발급의무	영수증 발급 (세금계산서 발급 불가)	• (원칙) 세금계산서 발급 • (예외) 영수증 발급(신규사업자 및 직전 연도 공급 대가 4,800만 원 미 만은 세금계산서 발급 불가)
신고	과세기간(1. 1~12. 31) 다음 해 1. 25까지 신고(연 1회)	(추가) 세금계산서를 발급한 간이과세자 예정부과기간 신고의무(7. 1~25)
세액계산구조 (세금계산서 등 수취세액공제)	(공급 대가×업종별 부가가치율* ×10%) * 업종별 부가가치율 : 5~30% - (매입세액×업종별 부가가치율) - 기타공제세액 + 가산세	(공급 대가×업종별 부가가치율** ×10%) ** 업종별 부가가치율 : 15~40% - (매입금액(공급 대가)×0.5%) - 기타공제세액 + 가산세
의제매입세액 공제	일반과세자와 간이과세자	일반과세자(간이과세자 적용 배제)
신용카드 등 매출세액공제	• 간이과세자(음식·숙박업) 2.0% (~'23. 12. 31 2.6%) • 기타사업자 1.0%(~'23. 12. 31 1.3%)	1.0%(~'26. 12. 31, 1.3%)
세금계산서 관련 가산세	(신설)	• (일반과세자 준용) • (미수취가산세 추가) 공급 대가× 0.5%
	경정 시 공제받은 세금계산서 등 가산세 : 공급가액의 1%	경정 시 공제받은 세금계산서 등 가산세 : 공급가액의 0.5%

절세 탐구 3 ‖ 일반과세자와 간이과세자의 과세유형 변경

상가 임대 중에 매출액이 변동해서 일반과세자가 간이과세자로 또는 그 반대로 과세유형이 변경될 수가 있다. 이때 어떤 것들에 주의해야 하는지 간략히 살펴보자.

1. 과세유형의 변경

1) 과세유형의 변경이란

간이과세자가 적용되거나 적용되지 아니하게 되는 기간은 전년도 1년간의 공급 대가가 4,800만 원(임대업 외는 1억 400만 원)에 미달하거나 그 이상이 되는 해의 다음 해의 7월 1일부터 그다음 해의 6월 30일까지로 한다. 이를 "과세유형의 변경"이라고 한다.

2) 과세유형의 변경 시기

계속사업자의 경우 일반과세자가 간이과세자로 변경되거나 간이과세자가 일반과세자로 변경되는 경우, 다음 해 7월 1일부터 그다음 해 6월 30일(1년)까지 변경된 유형을 적용한다.

구분	변경 시기
① 일반과세자 → 간이과세자로 변경	다음 해 7월 1일부터 1년간 간이적용
② 간이과세자 → 일반과세자로 변경	다음 해 7월 1일부터 1년간 일반적용

①의 경우 2024년의 일반과세자의 매출액이 4,800만 원(임대업) 미만이면 2025년 7월 1일부터 1년간 간이과세자를 적용한다. 2025년 1월 1일부터 바로 적용하기에는 실무상 어려움이 크기 때문이다. 마찬가지

로 ②의 경우 2024년의 간이과세자의 공급 대가가 4,800만 원(임대업) 이상이 되면 2025년 7월 1일부터 1년간 일반과세를 적용하게 된다.

2. 과세유형의 변경에 따른 부가세 신고

1) 일반과세자가 간이과세자로 변경된 경우

일반과세자가 간이과세자가 되면 간이과세자로서 부가세 신고를 해야 한다. 이때 재고 납부세액*을 매출세액에 더해 부가세를 납부해야 한다.

* 일반과세자는 매입세액을 전액 공제받는 데 반해 간이과세자는 매입가의 0.5%만 공제를 받는다. 따라서 간이과세자로 변경될 때 남아 있는 재고 재화에 대한 매입세액 중 일부는 반환해야 하는데, 이를 재고 납부세액이라고 한다.

2) 간이과세자에서 일반과세자로 변경된 경우

간이과세자가 일반과세자가 된 이후에는 일반과세자로서 부가세 신고를 해야 한다. 이때 재고 매입세액**을 매입세액에 더해 부가세를 공제받을 수 있다.

** 일반과세자는 매입세액을 전액 공제받는 데 반해 간이과세자는 매입가의 0.5%만 공제를 받는다. 따라서 간이과세자에서 일반과세자로 변경될 때 재고 재화에 대한 매입세액은 일반과세자의 지위에서 공제받을 수 있는데, 이를 재고 매입세액이라고 한다.

3. 적용 사례

H 씨는 20×1년도에 상가구입 시 일반과세자로 등록해서 부가세 환급을 받았다. 그 이후부터 일반과세자로 유지 중이다.

- 현재 부가세 포함 월 200만 원 수령
- 임대인은 근로소득(연간 8,000만 원)이 있음.

01 간이과세자로 과세유형이 변경 가능한지, 가능하다면 그 시기와 방법은?

일단 간이과세자로의 전환은 사업자가 임의로 할 수 있는 것이 아니다. 간이 과세배제대상(임대업 4,800만 원 이상, 임대사업장 공시지가 및 면적 기준 등)에 해당하지 않는다면 관할 세무서장이 매년 6월과 12월에 과세유형 전환통지를 한다. 따라서 원칙적으로 통지를 받아야 유형이 전환된다. 참고로 부동산 임대사업자의 경우는 통지를 받은 날이 속하는 과세기간까지는 일반과세를 적용한다.

02 상가구입 시 환급받은 부가세는 간이과세자로 과세유형 변경 시 다시 반환해야 하는가?

실제 임대사업에 사용한 과세기간이 20과세기간(10년)을 경과하기 전에 일반과세자에서 간이과세자로 전환하는 경우 건물 취득 시 환급받은 부가세액 중 일부를 반환해야 한다(부가세법 시행령 제112조 제7항). 이를 재고 납부세액이라고 한다.

03 만일 취득 당시 환급받은 부가세액이 2,000만 원이고, 취득 후 5년이 경과했다면 간이과세자로의 변경에 따라 납부해야 할 부가세는?

간이과세자로 전환한 날이 속하는 과세기간에 대한 부가세 확정신고를 할 때 납부할 세액에 더해 납부해야 한다. 재고 납부세액은 다음과 같이 계산한다(부가세법 시행령 제112조 제3항 제3호 참조).

- 재고 납부세액
  = 상가건물의 취득가액×(1-체감률×경과된 과세기간 수)×10% ×(1-0.5%×110/10)*

  > * 0.5%에 110/10을 곱한 이유는 일반과세자는 매입가액에 10%의 부가세를 공제하는 반면, 간이과세자는 매입대가(부가세를 포함한 금액)에 0.5%를 곱해 공제를 적용하는 차이를 조정하기 위한 것이다.

  = 2억 원×(1-5/100×10)×10%×94.5%
  = 2억 원×(1-50%)×10%×94.5%
  = 945만 원

당초 환급받은 세액은 2,000만 원이나 10년 중 5년이 지났으므로 이 중 1,000만 원이 잔여기간에 해당하는 부가세에 해당한다. 하지만 간이과세자의 경우 매입대가에 0.5%(부가세를 제외한 매입가 기준은 0.55%)를 곱한 금액만큼은 간이과세자 지위에서 공제를 받을 수 있으므로, 100% 중에서 94.5%에 해당하는 부가세를 추징하게 되는 셈이 된다. 초보자로서는 어려운 개념이 될 수 있으므로 건너뛰어도 문제없다.

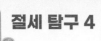

절세 탐구 4 　면세사업자의 납세의무

　　면세사업자는 부가세가 면세되는 품목이나 용역을 제공하는 사업자를 말한다. 주로 국민의 기초생활과 관련되거나 부가세를 면세하는 것이 실익이 있는 경우에 제한적으로 면세를 적용하고 있다. 다음에서는 부가세가 면세되는 사업자들의 납세의무를 알아보자.

1. 면세사업자의 세무상 쟁점들

　　면세사업자가 상가를 '취득 → 보유 → 양도'하는 과정에서 만나게 되는 세무상 쟁점을 정리하면 다음과 같다.

취득 시	• 면세사업자는 부가세 환급을 받을 수 없다. • 일부는 면세, 일부는 과세사업에 사용하는 경우에는 공통매입세액을 안분계산해야 한다.

▼

보유 시	• 상가를 면세업에 사용하다가 과세업으로 전환할 때는 취득 당시에 발생한 부가세 중 일부를 돌려받을 수 있다. • 과세업에 사용하다가 면세업으로 전환할 때는 당초 환급받은 부가세 중 일부를 반환해야 한다.

▼

양도 시	• 면세업에 사용된 상가를 양도하는 경우에는 부가세가 발생하지 않는다(권리금도 마찬가지다). 따라서 세금계산서를 발급할 필요가 없다. • 면세용으로 사용된 상가에서 양도차익이 발생하면 이에 대해 양도세를 부과한다.

2. 적용 사례

K 씨는 현재 병·의원을 경영하고 있는 개업 의사다. 그는 상가를 하나 분양받아 병·의원 건물로 사용하려고 한다.

Q1 K 씨가 상가를 분양받으면 부가세를 환급받을 수 있는가?

K 씨는 부가세 면세사업자에 해당하므로 재화 등의 구입 시 발생한 부가세는 환급이 되지 않는다.

Q2 부가세 환급이 되지 않는다면 이는 비용인가, 취득원가인가?

면세사업자가 환급받지 못한 부가세는 자산의 취득원가를 구성하게 된다. 따라서 향후 양도세 계산 시 양도차익을 줄이는 역할을 하게 된다. 예를 들어 건물공급가액이 1억 원이고, 부가세가 1,000만 원인 상황에서 양도가액이 2억 원인 경우의 세금지출액을 계산하면 다음과 같다. 단, 세율은 6~45%를 적용하고 나머지 사항은 무시한다.

구분		일반과세자	면세사업자
부가세 지출		-	1,000만 원
양도세 지출	양도가액	2억 원	2억 원
	-취득가액	1억 원	1억 1,000만 원
	=양도차익	1억 원	9,000만 원
	×세율	35%	35%
	-누진공제	1,544만 원	1,544만 원
	=산출세액	1,956만 원	1,606만 원
총 지출		1,956만 원	2,606만 원

일반과세자는 취득 시 부가세를 환급받을 수 있으나, 면세사업자는 그렇지 못하다. 하지만 이때 환급받지 못한 부가세는 취득원가를 구성하므로 추후 양도세를 줄이는 역할을 하게 된다.

03 만일 그의 배우자 명의로 취득하면 어떤 문제가 있는가?

배우자 명의로 취득하는 경우에는 세법상 큰 문제는 없다. 다만, 이러한 상황에서는 배우자가 임대자가 되어 K 씨와 정상적인 임대차거래를 하는 것이 중요하다. 다음 내용을 참조하자.

- K 씨 배우자 명의로 취득한다.
- K 씨 배우자는 일반과세자로 사업자등록을 내서 부가세 환급을 받는다.
- K 씨와 그의 배우자는 정상적인 임대차계약을 맺어 거래한다(이때 자금거래도 정확히 한다). 정상적인 거래는 주변의 시세와 차이가 나지 않도록 하는 것을 말한다.

◉ 참고로 실무적으로 배우자가 아닌 법인으로 취득해서 임대해도 된다.

Tip 과세와 면세업을 동시에 하는 겸업 사업자의 세무 처리법

- 면세사업자가 과세사업을 겸영하는 경우에는 과세사업자로 등록을 한다. 이 경우 과세사업자로 사업자등록번호가 새로이 부여된다.
- 공통매입세액은 공급가액 등으로 안분해서 과세사업에 관련된 것만 부가세를 환급받는다.
- 면세와 과세에 사용되는 상가를 공급하는 경우, 이를 구분해서 세무처리를 해야 한다.
- 겸업 사업 중 면세사업은 포괄양수도계약을 맺을 수 없다.

제 **4** 장

상가 취득 시의 취득세와
부가세 처리법

상가 취득과
취득세 개관

상가를 취득하면 다양한 세무상 쟁점들이 발생한다. 예를 들어 다음
과 같은 것들이 주요 내용이 된다.

- 토지와 건물의 취득가액 구분
- 취득부대비용의 처리법
- 취득세(일반과세와 중과세의 적용)
- 부가세(포괄양수도, 환급절차)
- 자금출처조사* 등

* 이 책에서는 자금출처조사에 대해서는 자세히 다루지 않는다.

다음에서는 주로 취득세와 부가세를 중심으로 관련 내용을 파악해보
자. 먼저 취득세부터 살펴보자. 상가와 관련한 취득세는 주로 일반세율
이 적용되나 어떤 경우에는 중과세율(8~12%)이 적용되는 예도 있다.

1. 상가 취득세 과세방식

1) 과세표준의 결정

- 취득세 과세표준은 실제 거래가액을 기준으로 하는 것이 원칙이다.
- 특수관계인 간 거래를 통해 조세를 부당히 감소시킨 경우에는 시가 인정액*을 기준으로 한다.

  * 평가기간(취득 전 6개월~취득 후 3개월) 내의 매매사례가액 등을 말한다.

2) 세율의 결정

- 일반적인 취득세율은 4%다.
- 중과 취득세율은 12%(고급오락장 건물, 이 외 과밀지역 내 법인은 8% 적용)다.
- 이 외에 농특세나 지방교육세가 추가로 부과된다.

▶ 상가에 대해 중과세가 적용되는 경우는 주로 상가를 고급오락장으로 사용할 때다. 세법상 고급오락장의 범위는 대략 다음과 같다(지방세법 시행령 제28조 제5항).

- 도박장
- 자동도박기(슬롯머신 등)
- 특수미용실(욕실 등을 부설한 장소가 있는 미용실에 한함)
- 유흥주점영업 장소(무도 유흥주점, 유흥주점영업)

3) 취득세 신고와 납부

- 취득일로부터 60일 이내에 신고 및 납부한다.
- 이때 물건지가 있는 시·군·구청에 신고 및 납부한다.

2. 적용 사례 1

K 씨는 다음과 같이 상가를 취득했다.

구분	금액	비고
토지 가액	2억 원	
건물 가액	2억 원	
부가세	2,000만 원	건물에 대한 부가세

Q1 취득세 과세표준은 얼마인가?

당해 물건을 취득*하기 위해 지급했거나 지급해야 할 일체의 비용을 말하며, 이에는 중개수수료(개인은 제외), 설계비 등을 포함하되 부가세는 제외한다. 사례의 경우는 4억 원이 과세표준이 된다.

* 지방세법 제7조 제2항에서 "민법 등의 관계 법령에 따라 등기·등록을 하지 아니하더라도 사실상으로 취득하는 때"로 규정하고 있다. 구체적으로 민법에 따라 완전하게 소유권이 이전되는 것은 물론이고, 등기·등록을 하지 아니하더라도 잔금 지급·법률행위(무상이전) 등 재산을 취득하는 법적 사실이 있으면 취득으로 본다.

Q2 만약에 중개수수료로 300만 원을 공인중개사에게 지급했다면 중개수수료도 취득세 과세표준에 포함되는가?

아니다. 다만, 법인은 포함한다.

Q3 취득세 관련 세율은 얼마인가?

상가 취득 관련 세율은 다음과 같다.

구분		취득세	농특세	지방교육세	계
과세기준		표준세율 4%	취득세율 1/2의 10%	취득세율 1/2의 20%	–
일반세율		4%	0.2%	0.4%	4.6%
중과세율	고급오락장 건물	12%	1.0%*	0.4%	13.4%
	과밀 내 법인취득	8%	0.2%	1.2%**	9.4%

* 구지방세법에서는 취득세(2%)에 대해서만 5배 중과세를 했으므로 농특세도 중과세를 적용한다.

** 구지방세법에서는 등록세(2%)에 대해서만 3배 중과세를 하며, 등록세에 부가되는 지방교육세만 3배 중과한다.

04 취득세 관련 세금은 얼마인가?

과세표준 4억 원에 대해 4.6%를 곱하면 1,840만 원이 취득 관련 세금이 된다.

3. 적용 사례 2

K 씨는 다음과 같이 상가를 경매로 취득했다.

| 자료 |

• 낙찰가액 : 3억 원(부가세 없음)
• 시가표준액 : 5억 원
• 경매 관련 수수료 : 1,000만 원
• 총 취득세율 : 4.6%

Q1 사례의 경우 취득세 과세표준은?

2023년 개정된 규정에 따르면, 경매로 부동산을 취득할 경우 취득세 과세표준은 낙찰가액을 기준으로 산정한다.

Q2 만일 앞의 거래가 경매가 아니라 가족 간에 발생한 경우라면 취득세 과세표준은 어떻게 해야 할까?

특수관계인 간의 거래로 그 취득에 대한 조세 부담을 부당하게 감소시키는 행위 또는 계산한 것으로 인정(부당행위계산)되면 시가 인정액*을 취득당시가액으로 한다.

* 취득일 전 6개월부터 취득일 후 3개월 이내의 기간(평가기간)에 취득 대상이 된 부동산 등에 대해 매매, 감정, 경매 또는 공매한 사실이 있는 경우의 그 가액 등을 말한다(지방세법 시행령 제14조).

Q3 취득세 과세표준은 어떤 식으로 정리하는 것이 좋을까?

유상 승계취득의 경우 실제 구입에 소요된 금액을 말한다(부가세와 개인취득 시 중개수수료는 제외). 다만, 가족 등 특수관계인끼리 거래한 경우에는 지방세법상 시가 인정액을 기준으로 과세됨에 유의해야 한다.

※ 상가 취득유형에 다른 취득세 과세표준

구분		원칙	예외
유상 승계취득		실제 취득가액	부당행위계산 적용 시 시가 인정액
무상취득	상속	시가표준액**	–
	증여	시가 인정액	시가 인정액이 없거나, 시가표준액이 1억 원 이하면 시가표준액
원시취득		사실상 취득가액	사실상 취득가액이 불분명한 경우 시가표준액(개인에 한함)

** 정부에서 고시한 가격을 말하며, 국세법상 기준시가와 유사하다.

상속·증여로 받은 상가의 취득세 과세표준과 세율

① 상속

상속받은 상가에 대한 총 취득세율은 시가표준액의 4.6%가 아닌 3.16%가 적용된다. 상속 취득세율은 4%가 아닌 2.8%에 해당하기 때문이다. 0.16%는 농특세와 지방교육세에 해당한다. 상속 시 취득세 과세표준은 시가표준액으로 한다.

② 증여

증여받은 상가에 대한 총 취득세율은 4.6%가 아닌 4.0%가 된다. 증여 취득세율은 4%가 아닌 3.5%에 해당하기 때문이다. 0.5%는 농특세와 지방교육세에 해당한다. 이때 과세표준은 시가 인정액을 원칙으로 하나, 이를 알기가 힘들거나 시가표준액이 1억 원 이하인 부동산은 시가표준액을 적용한다.*

* 2023년 이후의 증여분부터 적용되는 규정으로 상가를 증여할 때 매우 주의해야 한다.

취득세가 중과세되는 경우
(고급오락장용 건물)

상가를 취득할 때 취득세율은 4%가 된다. 그런데 특정한 부동산을 취득하면 이에 3배로 취득세가 중과세되는 때도 있다. 이러한 중과세율은 특히 중개 시 잘 알아야 하는데 지금부터 이에 대해 자세히 살펴보도록 하자.

1. 취득세 중과세 제도의 요약

취득세 중과세와 관련해 알아둬야 할 사항들은 다음과 같다.

1) 중과세 대상부동산의 범위

- 도박장, 유흥주점 영업장, 특수목욕장 기타 이와 유사한 용도에 사용하는 건축물 중 대통령령이 정하는 건축물과 그 부속토지가 이에 해당한다.
- 이 외 고급주택, 골프장 등도 있다.

2) 중과세율

- 취득세 중과세율은 일반적으로 12%(고급오락장용 건물)가 적용된다.
- 취득세에는 농특세와 지방교육세가 추가된다.

※ 고급오락장용 건물 취득 시의 중과세율 체계

구분	취득세율	농특세	지방교육세	계
세율	12%	1.0%	0.4%	13.4%
비고	표준세율 4%+ (2%×4)	2%+(12%-4%) ×10%	4%×1/2×20%	-

3) 5년 사후관리

취득 후 5년 이내에 취득세 중과세 대상 자산에 해당되면 취득세 중과세가 적용된다. 중개 시 주의해야 한다.

◉ 취득세 중과세는 5년간 사후관리가 있다는 점에 주의해야 한다. 참고로 취득 후 5년이 경과하면 이에 대한 중과세는 적용하지 않는다.

2. 적용 사례 1

공인중개사 K 씨는 이번에 다음과 같은 건물을 중개하고자 한다.

| 자료 |
- 총 5층 건물(지하 1층 포함)
- 매매 예상가액 30억 원(부가세 1억 원 별도)

01 취득세 과세표준은 얼마인가?

매매 예상가액인 30억 원이 취득가액이 된다. 취득 시 발생한 부가세는 제외된다.

02 일반적인 취득세는 얼마인가?

취득세율 4%를 가정한다면 1억 2,000만 원(4.6% 기준 시 1억 3,800만 원)이 된다.

03 만일 지하 1층이 취득세 중과세가 적용된다면 취득세는 얼마인가? 단, 이때의 중과세 과세표준은 4억 원이라고 하자.

취득세 중과세가 적용된다면 취득 관련 세금이 다음과 같이 변한다.

① 취득세만 계산하는 경우

구분	과세표준	세율	취득세
일반적인 취득	26억 원	4%	1억 400만 원
중과세 취득	4억 원	12%	4,800만 원
계	30억 원	-	1억 5,200만 원

앞의 경우에 비해 대략 3,200만 원이 증가했다.

② 농특세와 지방교육세를 포함하는 경우

구분	과세표준	세율	취득세
일반적인 취득	26억 원	4.6%	1억 1,960만 원
중과세 취득	4억 원	13.4%	5,360만 원
계	30억 원	-	1억 7,320만 원

이 경우에도 대략 3,200만 원이 증가했다.

3. 적용 사례 2

K 씨는 본인이 소유하고 있는 상가를 유흥주점업(룸살롱)을 운영하는 사업자에게 임대하려고 한다. 단, 임대하고자 하는 영업장 전체면적은 100m^2를 초과하지 않는다.

01 세법상 고급오락장은 어떤 것을 말하는가?

① 도박장(외국인 전용 카지노는 제외), ② 자동도박기(파친코·슬롯머신 등)장, ③ 특수목욕장(일명 터키탕 등), ④ 영업장 전체면적(전용면적이 아님)이 100m^2를 초과하는 카바레·나이트클럽·디스코클럽(관광 유흥음식점은 제외), ⑤ 영업장 전체면적이 100m^2를 초과하고, 객실의 면적이 영업장 전용면적의 50% 이상이거나 객실의 수가 5개 이상인 룸살롱·요정영업장 등을 말한다.*

* 이에 대한 좀 더 자세한 내용은 5장 절세 탐구를 참조하기 바란다.

02 고급오락장에 대해서는 왜 중과세를 적용하는가?

향락산업에 대한 규제의 목적으로 취득세를 중과세한다.

03 K 씨는 취득세가 중과세로 추징된다고 하는데, 맞는 말인가?

아니다. 룸살롱의 경우 일단 영업장 전체면적이 100m^2를 초과해야 한다. 따라서 K 씨가 임대하고자 하는 영업장은 이에 해당하지 않으므로 취득세 중과세를 적용받지 않는다.

04 만일 앞의 사업장이 취득세 중과세 대상이라고 하자. 그렇다면 K 씨가 이 건물을 임대해도 취득세 중과세 문제가 없을까? 이 건물은 취득한 지 10년이 지났다고 하자.

일단 K 씨로서는 취득한 지 5년이 지났기 때문에 취득세 중과세 제도를 적용받지 않는다. 만일 5년이 되기 전에 취득했다면 취득세 중과세를 적용받을 수 있다(도세 22670-299, 1991. 01. 28 등).

Tip 고급오락장 건물 중개 시 주의할 점

고급오락장이 있는 건물을 취득하면 취득세는 일반세율의 3배인 12% 세율을 적용한다. 여기서 고급오락장은 앞에서 본 유흥주점, 나이트클럽, 디스코 클럽, 요정, 룸살롱 정도로 보면 된다. 따라서 이러한 업종이 있는 건물을 매매 중개할 때는 반드시 매수자에게 취득세 중과 부분에 관한 확인 및 설명을 해야 하고, 확인 및 설명서에 이와 관련된 내용을 기재해야 한다(지방세법 제13조 제5항 제4호). 그리고 처음에는 취득세 중과대상이 아닌 건물이나 상가를 취득했지만, 취득일로부터 5년 이내에 유흥주점이나 룸살롱 등으로 영업하게 되면 취득세 중과 규정을 소급 적용해 8%의 취득세를 추가로 납부해야 한다(지방세법 제16조 제1항 제3호)는 점도 알아둬야 한다.

⊙ 고급오락장용 건물에 대한 재산세 중과세는 5장에서 살펴본다.

상가 취득과
부대비용 처리법

상가 취득과 관련해서 발생한 부대비용은 원칙적으로 상가의 취득가액을 형성하고 이후 소득세 계산 시 감가상각 등을 통해 일부 비용처리가 되며, 향후 상가 양도 시 양도가액에서 차감된다. 다음에서 이에 대해 구체적으로 살펴보자.

1. 상가 취득 시의 부대비용 처리법

1) 부대비용의 종류

상가를 취득하는 과정에서 다양한 부대비용이 발생한다. 일반적으로 다음과 같은 것들이 있다.

- 수수료(중개수수료, 등기수수료, 컨설팅 비용 등)
- 조세공과금(취득세, 채권매입할인료 등) 등

※ 상가 임대차 및 매매에 대한 중개수수료

① **상가 임대차 중개수수료**
- [전세보증금+(월임차료*×100)]×0.9%＝중개수수료
  * 월임차료에는 부가세를 제외함.
  ▶ 중개수수료 요율은 쌍방합의로 0.9% 이내에서 이를 정할 수 있다.

② **상가 매매 중개수수료**
- 거래금액의 0.9% 이내(쌍방합의로 0.9% 이내에서 이를 정할 수 있음)
  참고로 중개인이 일반과세자면 세금계산서가 발급되나 간이과세자는 세금계산서
  가 발급되지 않는다.**
  ** 단, 4,800만 원~1억 400만 원 사이의 간이과세자는 세금계산서(현금영수증 포함) 발급의
  무가 있다.

2) 부대비용 처리법

상가를 취득해 이를 임대사업에 이용하는 경우 장부처리를 하게 된
다. 이때 부대비용은 다음과 같은 기준에 따라 처리한다.

- 상가 취득가액을 토지와 건물 가액으로 구분한다.
- 이렇게 구분된 가액을 기준으로 부대비용을 안분한다. 다만, 토지
  와 건물에 명확히 귀속되는 것들은 해당 가액에 포함한다. 예를 들
  어 토지와 관련된 부가세는 공제를 받지 못하는데 이 불공제된 부
  가세는 토지 가액에 합산한다.

▶ 상가구입비를 토지와 건물로 나눈 이유는 건물에 대한 감가상각비를 정확히 계
  산하기 위해서다.

2. 적용 사례

서울 영등포구에 사는 K 씨는 상가를 다음과 같이 취득했다.

| 자료 |

① 취득가액 : 4억 원(토지 2억 원, 건물 2억 원)

② 취득세 등 : 1,800만 원

③ 채권할인비용 : 500만 원

④ 등기수수료 : 200만 원

⑤ 중개수수료 : 500만 원

⑥ 수선비 : 1,000만 원

01 세법상 취득원가는 얼마인가? 이를 재무상태표(대차대조표)로 표시한다면?

원래 취득가액(취득원가)이란 매입가에 취득세, 기타 부대비용을 가산한 금액을 말한다. 따라서 앞의 ①부터 ⑥까지의 항목 중 ①~⑤까지의 항목은 취득가액으로 할 수 있다. 수선비는 취득이 완료(잔금청산이나 소유권이전 등기 후)된 후에 발생한 비용이므로 당기 비용으로 처리된다.

02 앞의 결과를 재무상태표에 표시하면?

유형자산 토지 2억 1,500만 원 건물 2억 1,500만 원	부채
	자본

당초 상가 취득가액은 총 4억 원이나, 이를 토지와 건물로 구분하면 각각 2억 원이 된다(자료 가정). 그리고 부대비용도 이를 기준으로 안분 계산한다.

03 앞의 건물에 대한 감가상각 연수가 30년이라고 한다면 연간 비용으로 처리할 수 있는 금액은?

감가상각 연수가 30년이라면 다음과 같이 감가상각을 할 수 있다. 감가상각은 사업자가 선택해서 장부에 반영할 수 있다.

- 건물 취득가액 2억 1,500만 원 ÷ 감가상각 연수 30년 = 7,166,666원
- 5년간 감가상각 시 : 7,166,666원 × 5년 = 35,833,333원

04 앞의 건물을 5년 후 5억 원에 양도하는 경우 양도차익은 얼마인가? 양도 시에 중개수수료가 500만 원 발생했다고 하자.

양도차익은 양도가액에서 취득가액과 기타필요경비를 차감해서 계산한다.

구분	금액	비고
양도가액	500,000,000원	가정
-취득가액	394,166,667원	토지 취득가액+건물 취득가액(감가상각비 제외)=2억 1,500만 원+(2억 1,500만 원-35,833,333원)=394,166,667원
-기타필요경비	5,000,000원	양도 시 중개수수료
=양도차익	100,833,333원	

소득세 신고에 반영된 감가상각비는 양도세 신고 때는 제외가 된다. 따라서 건물에 대한 감가상각비를 계상해서 소득세를 신고할 것인지 아니면 이를 계상하지 않고 추후 양도 시 양도세에서 공제할 것인지에 대해서는 별도의 의사결정이 필요하다(5장 참조).

취득 시 낸
부가세 환급원리

일반적으로 상가를 취득하면 부가세가 발생한다. 물론 포괄양수도에 해당하는 경우에는 부가세를 생략할 수 있다. 하지만 분양을 받거나 포괄양수도에 해당하지 않으면 세금계산서가 발급되며 매수자가 이를 부담하게 된다. 그렇다면 매수자는 어떻게 해야 본인이 냈던 부가세를 환급받을 수 있을까? 다음에서는 매수자가 일반과세자일 때 부가세 환급원리에 대해 알아보자.

1. 상가 취득 시 부가세 환급 업무절차

상가 취득 시 부가세 환급 업무절차는 다음과 같다.

1) 부가세 발생 확인

• 일반과세자가 공급하는 상가의 경우 건물공급가액의 10%만큼 부가세가 발생한다.

- 이러한 부가세는 세금계산서에 의해 확인되어야 한다.
- 세금계산서는 세법상의 공급시기에 맞춰 정확하게 수취되어야 한다.

2) 사업자등록신청

- 취득 시 발생한 부가세 환급을 위해서는 일반과세자로 등록을 해야 한다.
- 사업자등록신청은 늦어도 과세기간 종료일로부터 20일까지 한다.

3) 환급신청

- 상가 취득 시 발생한 부가세는 매수자가 일반과세자일 때만 환급이 된다.
- 환급을 받기 위해서는 월이나 2개월, 3개월 등의 단위 중 하나를 선택해 조기환급신청을 하면 된다.

◉ 간이과세자로부터 매수 시에는 부가세 환급을 받을 수 없다. 간이과세자는 세금계산서를 발급할 수 없기 때문이다.

2. 적용 사례

K 씨는 다음과 같이 상가를 취득했다. 그는 사업자등록을 일반과세자로 신청하려고 한다.

- 계약금 : 토지 가액 2,000만 원, 건물 가액 2,000만 원(부가세 별도)
- 중도금 : 토지 가액 5,000만 원, 건물 가액 5,000만 원(부가세 별도)
- 잔금 : 토지 가액 3,000만 원, 건물 가액 3,000만 원(부가세 별도)

01 K 씨가 부담한 부가세는 환급받을 수 있다. 왜 부가세를 환급해주는가?

원래 사업자가 창출한 부가가치에 10%의 부가세를 과세하는데, 현행 세법은 '매출세액에서 매입세액을 차감'해서 부가세를 계산하고 있다. 즉, 부가가치를 별도로 측정하지 못하고 위와 같은 방식으로 부가세를 계산하고 있다. 따라서 K 씨가 부담한 부가세는 매출세액에서 공제되는 매입세액에 해당하므로 이를 환급해주는 것이라고 할 수 있다.

02 앞의 계약금과 중도금, 잔금 지급일이 2025년 상반기에 속해 있는 경우 사업자등록은 언제까지 해야 부가세를 환급받을 수 있는가?

2025년 상반기에 계약과 동시에 잔금을 청산하게 되므로 과세기간이 종료된 말일로부터 20일* 내인 7월 20일까지 사업자등록을 신청하면 환급을 받을 수 있다.

* 종전에는 사업자등록신청일로부터 소급해 20일 내의 것만 환급해줬다.

03 앞의 계약금과 중도금은 2025년 상반기, 잔금은 2025년 하반기에 지급한 경우 사업자등록은 언제까지 해야 부가세를 환급받을 수 있는가?

2025년 상반기와 하반기에 걸쳐 계약과 잔금 지급 등이 이루어지므로 1과세기간이 종료된 날로부터 20일 내인 7월 20일까지 사업자등록을 신청해야 모두 환급을 받을 수 있다. 만일 다음 해 1월 20일까지 신청한 경우에는 계약금과 중도금에서 발생하는 부가세는 환급을 받을 수 없으며, 잔금에 대한 부가세만 환급받을 수 있다.

Q04 앞의 Q2와 같은 상황에서 K 씨는 잔금 지급일에 세금계산서를 한 장으로 받았다. 이 경우 환급을 받을 수 있는가?

부가세를 환급받기 위해서는 세법에 맞게 세금계산서가 발급되어야 한다. 세법은 상가 같은 재화의 경우 재화가 인도되거나 이용할 수 있게 되는 때를 공급시기로 보나, 장기할부(1년 이상, 2회 이상 대가 분할)나 중간지급조건부(계약금을 지급하기로 한 날부터 잔금을 지급하기로 한 날까지의 기간이 6월 이상인 경우)는 '대가의 각 부분을 받기로 한 때(실제 회수 여부와 무관)'를 공급시기로 한다. 따라서 Q3의 경우 중간지급조건부 재화의 공급으로 계약금, 중도금, 잔금을 받기로 한 때가 공급시기가 되므로 이날을 기준으로 세금계산서가 각각 수수되어야 한다. 따라서 K 씨가 받은 세금계산서는 잘못된 것에 해당하므로 계약금과 중도금에 대해서는 환급되지 않는다.*

* 중간지급조건부 계약임에도 불구하고 세금계산서를 한 장으로 발급하면 사실과 다른 세금계산서가 될 수 있다.

 부가세법상 재화(상가)의 공급시기

재화가 공급되는 시기는 원칙적으로 인도 시점이다. 다만, 실무적으로는 다음과 같이 구체적인 기준을 공급시기로 해야 한다.

① 현금판매·외상판매·단기 할부 : 재화가 인도되거나 이용할 수 있게 되는 때

② 장기할부판매 : 대가의 각 부분을 받기로 한 때(실제 회수 여부와 무관)

　여기서 장기할부라는 다음의 요건을 충족한 것을 말한다. 만일 이에 해당하지 않는다면 단기 할부 등의 판매로 봐야 한다.

　• 2회 이상 나눠 대가를 받을 것
　• 당해 재화의 인도일의 다음 날부터 최종의 부불금의 지급일까지의 기간이 1년 이상일 것

③ 중간지급조건부로 재화를 공급하는 경우 : 대가의 각 부분을 받기로 한 때
　중간지급조건부에 의한 재화 공급은 재화가 인도되기 전이거나 용역의 제공이 완

료되기 전에 계약금 이외의 대가를 나눠 지급하는 경우*로서 계약금을 지급하기로 한 날부터 잔금을 지급하기로 한 날까지의 기간이 6개월 이상인 경우를 말한다.

* 계약금 이외의 대가를 분할하므로 2회 이상 지급해야 한다. 실무상 주의해야 한다.

부가세 환급과
사후관리

상가를 취득할 때 부가세를 환급받은 후 주의해야 할 내용을 정리해 보자. 자칫 환급받은 부가세를 반환해야 할 수 있기 때문이다. 특히 부가세를 환급받은 후 간이과세자로 변경되거나 폐업 시기를 잘못 맞추면 환급받은 부가세를 추징당할 가능성이 크다는 점에 유의해야 할 것으로 보인다.

1. 부가세 환급과 사후관리

부가세를 환급받으면 다음과 같은 사후관리에 주의해야 한다. 당초 환급받은 부가세가 추징될 수 있기 때문이다.

1) 간이과세자로 사업유형이 바뀌는 경우

일반과세자에서 간이과세자로 과세유형이 변경되면 일반과세자 지위에서 받은 매입세액 중 일부를 반환해야 한다.

2) 면세사업용으로 전환하는 경우

과세로 임대하던 것을 면세로 전용하면 환급받은 매입세액 중 일부를 반환해야 한다.

3) 취득 후 10년 이내에 임대업을 폐지하는 경우

임대업을 10년이 경과하기 전에 임의로 폐지하면 폐업 시 잔존재화에 대해 부가세가 과세된다.

※ 환급 후 사후관리 요약(추징되는 경우)

- 일반과세자에서 간이과세자로 전환되는 경우
- 과세에서 면세로 전용되는 경우
- 10년이 경과하기 전에 임의로 폐업한 경우 등

2. 적용 사례 1

K 씨는 다음과 같은 상가를 매수하려고 한다.

| 자료 |
- 상가매수가액 : 3억 원
- 부가세 별도

Q1 부가세는 얼마인가? 단, 토지 기준시가는 1억 원, 건물 기준시가는 5,000만 원이다.

총 공급가액에 토지와 건물 기준시가의 비율(1/1.5, 0.5/1.5)을 곱하면 토지는 2억 원, 건물은 1억 원이 나온다. 따라서 부가세는 1,000만 원이 된다.

02 세금계산서를 주민등록번호로 받았다. 환급이 가능한가?

주민등록번호를 기재해 세금계산서를 받더라도 환급이 가능하다.

03 환급신고 시 서식은 어떻게 작성하는가?

일반과세자의 부가세 환급신고는 다음과 같이 작성한다. 이 서식은 국세청 홈페이지에서 내려받을 수 있고 국세청 홈택스를 통해 작성할 수 있다.

일반과세자 부가세 신고서

□ 예정 □ 확정 □ 기한 후 과세표준 ■ 영세율 등 조기환급

사업자	상호		성명	
사업자	주민등록번호		사업자등록번호	
신고내용				
구분			금액	세액
과세표준 및 매출세액	과세	세금계산서 발급분		
		기타		
매입세액	세금계산서 수취분	일반매입		
		고정자산매입	*100,000,000*	*10,000,000*
		합계	*100,000,000*	*10,000,000*
납부(환급) 세액(매출세액-매입세액)				*10,000,000*
국세 환급금계좌신고	○○ 은행 ○○ 지점		계좌번호	

※ 첨부서류 : 세금계산서 원본, 분양 계약서, 입금통장 사본 등(추후 관할 세무서 담당자와 상의해 서류 보완), 환급금이 2,000만 원 이상이면 환급계좌개설신고서를 별도로 제출함.

04 환급신청은 어떻게 하는가?

우편이나 방문 또는 홈택스에서 전자적으로 할 수 있다. 한편 신청은 본인이 직접 할 수 있고 세무대리인을 통해 대행할 수도 있다.

05 관할 세무서에서는 무조건 환급을 해주는가?

아니다. 실제 거래가 있었는지 등을 자금 증빙 등을 통해 검증하는 경우가 많다. 때로는 현장방문을 통해 이를 확인하는 때도 있다.

3. 적용 사례 2

2019년에 상가를 구입해서 부가세 3,000만 원을 환급받고 임대하던 K 씨가 최근에 폐업했다. 따라서 현재 그는 이제 사업자가 아니다. 이러한 상황에서 K 씨는 보유하고 있던 상가를 비영리법인인 교회에 양도했다. 이때 부가세는 없었다. 그런데 얼마 뒤에 관할 세무서에서 K 씨가 폐업할 당시의 건물의 시가를 산정해 부가세를 추징하겠다고 한다. K 씨는 이 상황이 도저히 이해할 수가 없다. 왜 이러한 문제가 발생했을까?

K 씨의 문제를 순차적으로 해결해보자.

STEP 1 쟁점은?

K 씨가 폐업할 당시의 시가를 기준으로 부가세를 추징당할 것인지의 여부다.

STEP 2 세법규정은?

비사업자 지위에서 양도한 부동산에 대해서는 부가세가 발생하지 않는다. 따라서 부가세 없이 거래를 원하는 사람들은 일단 폐업하고 이후 임대용 부동산을 양도하려고 할 것이다. 이에 현행 세법은 부가세 부담 없이 거래하는 것을 방지하기 위해 '폐업 시 잔존하는 재화'에 대해 부가세를 과세하는 제도를 두고 있다. 다만, 이렇게 부담시키는 부가세는 당초에 본인이 환급받은 부가세가 있어야 추징(환급을 받지 않았으면 추징하지 않음)하며 다음과 같은 식으로 환급받은 세액을 추징한다.

- 과세표준 = 취득가액 × [1 − (5/100 * × 경과된 과세기간** 수)]
  - * 건물에 대한 감가상각률을 말한다.
  - ** 과세기간은 6개월을 말한다. 따라서 1년으로 환산하면 10%의 감가상각률이 적용된다.
- 부가세 = 과세표준 × 10%

STEP 3 결론은?

K 씨가 취득 시 부가세를 환급받은 후 10년이 지나지 않았기 때문에 당해 상가는 '폐업 시 잔존재화'에 해당하므로 부가세를 내야 한다. 예를 들어 5년이 남아 있다면 환급받은 세액 중 절반 정도를 반환해야 한다.

절세 탐구 | 환급받은 부가세가 추징되는 경우

부가세를 환급받은 후 부가세를 반환해야 하는 경우가 종종 있다. 그렇다면 왜 이러한 일들이 발생할까? 다음에서는 일반과세자가 상가를 취득한 후에 이를 반환하는 경우를 좀 더 구체적으로 알아보자.

1. 부가세를 반환해야 하는 이유

일반과세자가 부가세를 반환(또는 추징)해야 하는 이유를 정리하면 다음과 같다.

일반에서 간이로 변경	간이과세자로 임대를 하면 4%의 부가세만 발생한다. 따라서 10년 중 미경과한 기간에 해당하는 부가세 중 일부에 해당하는 부가세를 반환해야 한다.

▼

면세로 전용	면세로 상가를 사용하면 부가세가 발생하지 않는다. 따라서 10년 중 미경과한 기간에 해당하는 부가세를 반환해야 한다.

▼

폐업 시 잔존재화	상가 임대업을 폐지하면 폐업 시 잔존재화에 해당해 10년 중 미경과한 기간에 해당하는 부가세를 반환해야 한다. 단, 양도 후 폐업하면 재화의 공급으로 보아 이 규정을 적용하지 않는다.

▶ 이러한 부가세 반환 또는 추징문제는 상가건물이 부가세법상 감가상각이 완료되는 기간(10년) 내에 간이과세자로의 변경, 면세전용, 폐업 등의 사유로 인해 더 부가세가 발생하지 않을 때 발생한다고 결론 내릴 수 있다.

2. 적용 사례 1

K 씨는 일반과세자로서 다음과 같이 상가를 취득한 후 부가세를 환급받았다.

| 자료 |

• 상가구입 시 건물 가액 : 2억 원
• 부가세 환급액 : 2,000만 원
• 상가구입 시기 : 2023. 1. 1
• 월 임대료 : 200만 원

Q1 연간 임대료가 4,800만 원에 미달하면 일반과세자에서 간이과세자로 유형이 변경될 수 있는데 이때 어떤 문제점이 발생하는가?

간이과세자로 과세유형이 변경되면 10년 중 잔여기간에 해당하는 부가세를 반환해야 한다. 간이과세자로 임대를 하면 임대료의 4%만 부가세가 들어오므로 잔여기간의 부가세 중 대부분의 부가세를 반환하게 된다. 이에 대한 계산 방법은 89페이지를 참조하기 바란다.

Q2 만일 2025년 1월 1일에 이 사업장을 면세사업용으로 전환하면 부가세를 얼마나 반환해야 하는가?

과세사업장을 면세로 전용하는 경우에는 더 이상 부가세 세수가 발생하지 않으므로 국가 입장에서는 과도하게 환급해준 부분을 추징하게 된다. 이 경우 10년 중 2년은 과세사업장으로 역할을 했으므로 반환대상은 아니지만, 나머지 8년분은 반환대상이 된다. 따라서 당초 환급받은 2,000만 원의 80%인 1,600만 원이 반환대상이 된다.

Q3 만일 2024년 12월 31일자로 폐업하면 어떻게 되는가?

일단 폐업을 할 때는 ①재화의 공급에 따른 부가세와 ②폐업 시의 잔존재화에 대한 부가세 문제를 검토해야 한다. ①의 경우에는 매수자가 부가세 거래를 계속하므로 반환대상이 되지 않지만, ②의 경우에는 부가세 거래가 이어지지 않으므로 폐업 시 남아 있는 재화에 대해 당초 환급받은 부가세 중 일부를 반환해야 한다.

3. 적용 사례 2

경기도 고양시 일산에 사는 K 씨는 다음과 같은 상가를 취득하려고 한다.

| 자료 |
- 토지공급가액 : 2억 원
- 건물공급가액 : 2억 원
- 부가세 별도

Q1 이 경우 부가세는 얼마인가?

부가세는 건물공급가액의 10%인 2,000만 원이 된다.

Q2 K 씨는 일반과세사업을 운영하고 있다. 그가 이 상가를 취득하면 부가세 환급을 받을 수 있다. 만일 3년 후에 이를 면세업으로 전환하면 부가세는 반환해야 하는데 그 이유는 무엇인가?

K 씨가 일반과세자로 사업을 시작하면 앞의 부가세 2,000만 원은 환급이 가능하다. 하지만 3년 후에 이를 면세로 전용하는 경우에는 10년 중 미경과한 과세기간에 해당하는 부가세(1,400만 원 상당액+가산세)는 반환해야 한다. 면세사업의 경우에는 사업자가 부가세를 면세받기 때문에 면세로 전용된 후에는 부가세가 나오는 거래가 중단되어 이 같은 불이익을 받는 것이다.

03 K 씨는 면세사업을 운영하고 있다. 그가 이 상가를 취득하면 부가세 환급은 받을 수 없다. 만일 3년 후에 이를 과세업으로 전환할 때 잔여 기간에 대한 부가세는 환급받을 수 있을까?

이에 대해 세법은 면세사업에 사용하던 감가상각 자산을 과세사업에 사용하면 취득 시 공제받지 못했던 매입세액 중 일부를 다음과 같은 산식에 따라 공제한다.

1. **건물 또는 구축물**

   공제되는 세액＝취득 당시 해당 재화의 면세사업과 관련해 공제되지 아니한 매입세액 $\times$ (1 - 5/100 $\times$ 경과된 과세기간의 수)

2. **기타의 감가상각 자산**

   공제되는 세액＝취득 당시 해당 재화의 면세사업과 관련해 공제되지 아니한 매입세액 $\times$ (1 - 25/100 $\times$ 경과된 과세기간의 수)

⊙ 사례에 이를 적용하면 다음과 같은 금액을 환급받을 수 있다. 3년은 과세기간(연간 2회)으로 환산하면 6과세기간과 같다.

- 2,000만 원 $\times$ (1-5/100 $\times$ 6과세기간) = 1,400만 원

제 **5** 장

상가 보유 시의
재산세 중과세 등 처리법

상가와 보유세 개관

상가를 보유·임대하면서 발생하는 주요 세무상 쟁점들은 다음과 같다.

- 임대수입 관련 : 세금계산서 교부법, 임대차계약 관련 쟁점
- 임대비용 관련 : 재산세(일반과세와 중과세), 종부세, 감가상각비
- 임대이익 관련 : 소득세

이 중 보유세부터 살펴보자. 상가를 보유하면 매년 6월 1일을 기준으로 7월과 9월에 재산세가 나오고, 상가 부속토지의 공시지가가 80억 원을 넘으면 종부세가 12월 중에 부과된다. 상가에서는 재산세가 상당히 중요하다. 중과세 제도가 있기 때문이다. 이 외에도 상가 등이 도시지역에 소재하면 일반 재산세 외에 도시지역분 재산세 등이 추가되어 생각보다 부담이 커지는 경우가 많다.

1. 건물과 토지에 대한 재산세 및 종부세 세율

1) 일반과세를 적용받는 경우

구분	재산세	종부세
건물	0.25%	-
토지	0.2~0.4%(별도 합산과세)	0.5~0.7%(단, 토지의 공시지가가 80억 원 초과 시 과세됨)

※ 상가 부속토지에 대한 재산세와 종부세 세율

재산세		종부세	
과세표준	세율	과세표준	세율
2억 원 이하	0.2%	200억 원 이하	0.5%
2억~10억 원 이하	40만 원+2억 원 초과금액의 0.3%	200억~400억 원 이하	1억 원+200억 원 초과금액의 0.6%
10억 원 초과	280만 원+10억 원 초과금액의 0.4%	400억 원 초과	2억 2,000만 원+400억 원을 초과한 금액의 0.7%

2) 중과세가 적용되는 경우(고급오락장용 건물)

구분	재산세	종부세
건물	4%	-*
토지	4%(분리과세)	-*

* 고급오락장용 건물과 토지에 대해 재산세가 중과세되는 경우에는 종부세가 별도로 부과되지 않는다. 이미 재산세에서 중과의 불이익을 받았기 때문이다. 고급오락장용 건물의 범위는 이 장의 절세 탐구를 참조하기 바란다.

2. 적용 사례 1

K 씨는 상가를 취득했다. 올해 재산세는 얼마를 예상하는가? 단, 도시지역분 재산세, 지방교육세 등은 고려하지 않기로 한다.

일단 상가에 대한 보유세는 다음과 같은 방식으로 과세된다.

· **상가 재산세**

 – 건물에 대한 재산세 = 과세표준* × 재산세율(0.25%, 단일세율)

 – 토지에 대한 재산세 = 과세표준* × 재산세율(0.2~0.4%, 3단계 누진세율)

 * 과세표준 = 시가표준액 × 공정시장가액비율(건물 70%, 토지 70%)

· **상가 종부세**

 – 건물에 대한 종부세 = 없음.

 – 토지에 대한 종부세 = 과세표준** × 종부세율

 ** 과세표준 = 기준시가 × 공정시장가액비율(100%)

물음에서는 재산세에 대해 언급하고 있다. 따라서 다음과 같이 계산한다.

구분	시가표준액	공정시장가액비율	과세표준	세율	산출세액
건물	1억 원	70%	7,000만 원	0.25%	17만 5,000원
토지	2억 원	70%	1억 4,000만 원	0.2%	28만 원
계	3억 원	–	2억 1,000만 원	–	45만 5,000원

▶ 참고로 재산세(도시 지역분 포함)가 부과되면 지방교육세 등이 부가된다.

3. 적용 사례 2

서울에서 거주하는 K 씨는 도심에 15층짜리 건물을 소유하고 있는데 그 건물은 기준시가로 20억 원, 토지는 공시지가로 100억 원 정도가 된다. 이 경우 보유세는? 단, 재산세와 종부세의 공정시장가액비율은 각각 70%, 100%라고 가정한다.

앞의 물음에 대해 재산세와 종부세를 계산하면 다음과 같다.

① 재산세의 계산
• 건물 재산세

• 과세표준 : 20억 원×공정시장가액비율(70%)＝14억 원
• 산출세액 : 14억 원×0.25%＝350만 원

• 토지 재산세

• 과세표준 : 100억 원×공정시장가액비율(70%)＝70억 원
• 산출세액 : 280만 원+(70억 원-10억 원)×0.4%＝2,680만 원

• 계 : 3,030만 원(도시지역분 재산세 : 84억 원×0.14%＝1,176만 원 추가 예상)

② 종부세의 계산
• 건물종부세는 과세제외됨.
• 상가토지 종부세

• 종부세 과세표준 : (100억 원-80억 원)×100%(공정시장가액비율)＝20억 원
• 산출세액 : 20억 원×0.5%＝1,000만 원

참고로 종부세가 과세되는 구간은 재산세도 부과되어 이중과세가 된다. 따라서 이를 조정해야 하며, 최종 종부세 산출세액의 20%는 농특세로 과세된다. 한편 보유세는 기준시가(시가표준액)에 연동되므로 기준시가가 증가하면 보유세가 늘어날 수 있다. 따라서 다음과 같이 세부담 상한제도를 운영하고 있다.

- 재산세 : 전년도 납부한 재산 세액의 1.5배(50%, 주택은 5~30% 세부담 상한 또는 과세표준 상한제가 적용됨)를 한도로 납부한다.
- 종부세 : 올해의 재산세와 종부세합계액을 전년도에 납부한 보유세(재산세와 종부세)의 1.5배(50%)를 한도로 한다.

※ 재산세와 종부세에 추가되는 세금들

- 재산세 → 지방교육세(20%)가 추가된다. 지역자원시설세가 병기되기도 한다.
- 종부세 → 농특세(20%)가 추가된다.

 재산세와 종부세 과세대상

보유세는 매년 6월 1일의 소유권이 있는 개인과 법인에 과세한다. 보유세 과세대상을 살펴보면 다음과 같다.

구분		재산세 과세대상	종부세 과세대상
주택		주택	○ (9억 원, 1세대 1주택 12억 원)
토지	분리과세	① 저율 분리과세 : 전, 답, 과수원, 목장용지, 임야 중 일부 토지 ② 고율 분리과세 : 골프장, 고급오락장용 부속토지 ③ 기타 분리과세 : 공장용지, 주택건설용 용지 등	✕
	별도합산	① 영업용 건축물의 부속토지로 기준면적 이내 토지 ② 건축물이 없더라도 건축물의 부속토지로 보는 토지 등	○ (80억 원)

구분		재산세 과세대상	종부세 과세대상
토지	종합합산	① 나대지 ② 분리과세 대상 토지 중 기준면적초과 토지 ③ 별도합산 대상 토지 중 기준면적초과 토지 ④ 분리과세, 별도합산과세대상에서 제외된 모든 토지	○ (5억 원)
	기타	① 건축물 　– 골프장, 고급오락장 　– 도시의 주거지역 내의 공장용 건축물 등 ② 선박과 항공	×

◉ 상가가 고급오락장용으로 사용되면 건축물 및 토지(분리과세)에 대해 4%의 재산세가 부과된다. 따라서 이러한 상황에서 건축물은 당초부터 종부세 과세를 배제하며, 토지는 이미 분리과세로 높은 세율을 적용받았기 때문에 종부세 과세대상에서 제외한다.

중개 시 알아야 할
재산세 중과세

상가를 재산세가 중과세되는 용도로 임대하면 건물에 대한 재산세 세율이 0.25%에서 4%로 16배 껑충 뛸 수 있다. 다음에서 재산세가 중과세되는 경우에 어떤 식으로 대처할 것인지 중개의 관점에서 정리해 보자.

1. 재산세 중과세 요약

재산세 중과세와 관련된 내용을 정리하면 다음과 같다.

1) 재산세가 중과세되는 대상

• 지방세법에서 규정하고 있는 골프장, 고급오락장용 건물이 재산세 중과세 대상이다.
• 이 중 상가와 밀접하게 관련성이 있는 것은 고급오락장용 건물이다.

2) 재산세 중과세 세율

• 일반건물의 재산세율은 0.25%나, 중과세 재산세율은 4%가 된다.

3) 5년 사후관리 적용

• 재산세 중과세는 매년 6월 1일 현재의 현황에 의한다. 따라서 5년 사후관리는 의미가 없다. 참고로 취득세 중과세는 취득 이후 5년 사후관리를 한다.

2. 적용 사례 1

K 씨는 다음과 같은 상가를 임대하려고 한다.

| 자료 |
• 6월 1일 현재 건물 시가표준액 : 5억 원
• 6월 1일 현재 토지 시가표준액 : 10억 원
• 공정시장가액비율 : 70%
• 세율 : 건물 0.25%, 4%, 토지 0.2%

Q1 앞의 건물과 토지에 대해 일반적인 재산세와 중과세가 적용된다고 가정했을 경우의 재산세를 비교하면?

건물의 경우 다음과 같이 재산세가 계산된다.

구분	시가표준액	공정시장가액비율	과세표준	세율	산출세액
일반	5억 원	70%	3.5억 원	0.25%	87만 5,000원
중과	5억 원	70%	3.5억 원	4%	1,400만 원

토지의 경우 다음과 같이 재산세가 계산된다.

구분	시가표준액	공정시장가액비율	과세표준	세율	산출세액
일반	10억 원	70%	7억 원	40만 원+2억 원 초과금액의 0.3%	190만 원
중과	10억 원	70%	7억 원	4%	2,800만 원

02 왜 재산세를 중과세할까?

고급오락장용 건물* 등은 사치성 재산에 해당하므로 이를 규제하는 차원에서 중과세를 적용한다.

* 이에 대한 범위는 취득세 중과세에서 본 것과 같다(4장과 이 장의 절세 탐구 참조).

3. 적용 사례 2

K 씨는 유흥주점이 포함된 건물의 건물주다. 그런데 이 건물에 대해 재산세가 중과세되고 있는데 이 세금은 임차인이 대납하고 있다.

01 임차인이 대납하고 있는 재산세 중과세분에 대해 증여세가 나오는가?

임차인이 아무런 조건 없이 건물주가 납부해야 할 세금을 대신 납부했다면 증여세가 부과될 수 있다. 하지만 임대차계약에 의한 경우라면 증여세 대신 사업소득세가 부과될 것으로 보인다.

02 임차인이 대납하고 있는 재산세 중과세분에 대해 부가세가 부과되는가?

임대인 명의로 부과된 재산세를 임대차계약 때문에 임차인이 부담하기로 한 경우 당해 금액은 부동산 임대 대가에 포함되어 부가세가 과세된다. 따라서 이 경우에는 임차인에게 세금계산서를 발급하는 것이 원칙이다(서면 3팀-705, 2005. 05. 21).

 Tip 재산세 중과세되는 고급오락장 건물 중개 시 유의사항

① 고급오락장 건물 매매 시

위락시설인 유흥주점으로 영업허가를 받아 영업하고 있는 상가를 매매할 경우, 향후 재산세가 중과(4%)되리라는 것을 알고 매매 중개를 해야 한다. 이때 재산세 납세기준일은 매년 6월 1일이 되므로 잔금을 언제 주고받느냐에 따라 납세의무자가 바뀐다. 따라서 A와 B는 6월 1일을 기준으로 전후에 양도가 이루어지면 이를 생각해서 매매가액을 조정할 필요가 생길 수 있고, 매수자에게 재산세 중과 부분에 대한 설명이 있어야 할 것이다.

② 고급오락장 건물 임대 시

임대 중인 상가 등이 식품위생법상 유흥주점으로 사용되면 해당 건물이 중과대상 건축물에 해당해서 재산세보다 16배(4.0%) 많아진다. 따라서 중개 시 임대차계약서에 유흥주점 입점으로 인한 재산세 부담은 임차인이 부담하기로 한다는 특약사항을 반드시 기재하는 것이 좋다(전가특약).

절세 탐구 　상가 임대 시의 재산세 중과세와 개별소비세

상가에 대한 재산세 중과 규정과 개별소비세는 임대차계약 시 반드시 알아야 하는 항목이다. 다음에서 이에 대해 정리해보자.

1. 재산세 중과

1) 고급오락장용 건물과 재산세 중과세

사치성 재산으로 분류된 골프장, 고급선박, 고급주택, 고급오락장 건축물은 재산세가 중과된다. 세율은 일반건축물은 0.25%, 고급오락장용 건축물은 4%이고, 토지는 0.2~0.4%인 데 반해 고급오락장용 토지는 4%로 상당한 차이가 나고 있다.

2) 고급오락장용 건물의 범위

이에 대해서는 지방세법 시행령 제28조 제5항에서 다음과 같이 정하고 있다.

① 카지노장(허가된 외국인 전용 카지노장은 제외)
② 자동도박기[파친코, 슬롯머신, 아케이드 이퀴프먼트(arcade equipment) 등을 말한다]를 설치한 장소
③ 욕실 등을 부설한 장소로서 그 설비를 이용하기 위해서 정해진 요금을 지급하도록 시설된 미용실
④ 식품위생법 제37조에 따른 허가 대상인 유흥주점영업으로서 다음 각 목의 어느 하나에 해당하는 영업장소(공용면적을 포함한 영업장의 면적이 100㎡를 초과하는 것만 해당한다).
　가. 손님이 춤을 출 수 있도록 객석과 구분된 무도장을 설치한 영

업장소(카바레·나이트클럽·디스코클럽 등을 말한다)

나. 유흥접객원(남녀를 불문하며, 임시로 고용된 사람을 포함한다)을 두는 경우로, 별도로 반영구적으로 구획된 객실의 면적이 영업장 전용면적의 100분의 50 이상이거나 객실 수가 5개 이상인 영업장소(룸살롱, 요정 등을 말한다)

2. 개별소비세

개별소비세는 특정 사치품, 고급 소비재 등에 부과되는 세금으로, 과도한 소비를 억제하고 세수를 확보하는 목적을 가진다. 주로 자동차, 귀금속, 유흥업소 등의 품목에 적용된다. 다음에서 과세대상과 세율을 정리해보자.

① **과세 유흥장소**(유흥음식 행위에 대해 개별소비세를 부과하는 장소)

다음의 과세 유흥장소에 대해서는 유흥음식요금의 10%를 개별소비세로 부과한다.

- 유흥주점
- 외국인 전용 유흥음식점 등

② **과세장소**(입장 행위에 대해 개별소비세를 부과할 장소)

다음의 입장 행위에 대해서는 입장 시에 정해진 금액을 개별소비세로 부과한다.

- 경마장 : 1명 1회 입장에 대해 1,000원(장외발매 2,000원)
- 경륜장·경정장 : 1명 1회 입장에 대해 400원(장외발매 800원)
- 투전기를 설치한 장소 : 1명 1회 입장에 대해 1만 원
- 골프장 : 1명 1회 입장에 대해 1만 2,000원

- 카지노 : 1명 1회 입장에 대해 5만 원(폐광지역 카지노 6,300원), 외국인
  은 1명 1회 입장에 대해 2,000원

③ 과세물품(개별소비세를 부과할 물품)

④ 과세영업 장소(영업행위에 대해 개별소비세를 부과하는 장소)

관광진흥법 제5조 제1항에 따라 허가를 받은 카지노(폐광지역개발 지원
에 관한 특별법 제11조에 따라 허가를 받은 카지노를 포함한다)는 연간 총 매출액에
따른 요율(0~4%)을 적용해 개별소비세를 부과한다.

◉ 상가 임대와 관련된 개별소비세 과세대상은 주로 앞의 ①이 해당한다.

제 **6** 장

상가 임대 시의 부가세와 소득세 처리법

상가 임대와
부가세의 계산

일반과세자가 상가 임대 시 임대료의 10%, 임대보증금에 대한 이자 상당액의 10%만큼 부가세가 발생한다. 후자를 간주임대료에 대한 부가세라고 한다. 다음에서는 주로 일반과세자가 임대하는 경우의 임대료에 대한 부가세를 계산해보자.

1. 상가 임대와 부가세 계산

상가 임대 시 부가세는 일반과세자와 간이과세자에 따라 과세 내용이 달라진다. 일단 이 둘의 과세방식을 비교해보자.

※ **일반과세자 대 간이과세자의 부가세 과세방식 비교**

구분	일반과세자	간이과세자
부가세 계산구조	매출세액-매입세액	공급 대가×부가가치율*×10%-각종 세액공제 * 임대업은 40%
간주임대료	다음 참조	좌동

구분	일반과세자	간이과세자
환급 여부	가능함.	불가능함.
세금계산서 발급 의무	있음.	없음.
신고·납부방법	• 법인은 분기당 1회 신고 및 납부 • 개인은 반기당 1회 신고 및 납부	• 간이과세자는 연간 1회 신고 및 납부(단, 연간매출이 4,800만 원에 미달 시 납부의무를 면제함)

※ **부동산 임대용역에 대한 공급가액 계산(부가세 집행기준 29-65-1)**

사업자가 부동산 임대용역을 제공하고 전세금 또는 임대보증금을 받으면 금전 이외의 대가를 받은 것으로 보아 다음 산식에 의해 계산한 금액(간주임대료)을 공급가액으로 한다.

$$전세금 \cdot 임대보증금^* \times 과세대상\ 기간의\ 일수$$

$$\times \frac{1년\ 정기예금이자율^{**}}{365(윤년\ 366)} = 공급가액$$

* 전대차의 경우 임차 시 지급한 전세금 · 임대보증금을 차감한다(이중과세 방지).

** 2024년 기준 3.5%로 고시되어 있다. 매년 새롭게 고시된다.

2. 적용 사례 1

K 씨는 상가를 전세보증금 5,000만 원에 월세 200만 원(부가세 별도)을 수령하는 조건으로 임대차계약을 맺었다. 과세기간 초에 임대한 것으로 가정하면 1과세기간의 부가세는 얼마인가? 단, 간주임대료에 대한 부가세를 계산할 때 적용되는 이자율은 3.5%라고 하자.

앞의 물음에 대한 답을 찾아보면 다음과 같다.

① 월세에 대한 부가세

• 200만 원×10%×6개월 = 120만 원

② 간주임대료에 대한 부가세

• 간주임대료 : (5,000만 원×3.5%)×181일/365일 = 867,808원
• 간주임대료에 대한 부가세 : 867,808원×10% = 86,780원

③ 계

• 120만 원 + 86,780원 = 1,286,780원

💡 **돌발퀴즈**

앞의 간주임대료에 대한 부가세는 누가 부담하는가?
특약이 없는 한 임대자가 부담하는 것이 원칙이다. 참고로 간주임대료에 대해서는
세금계산서를 발급할 수 없다. 따라서 특약 때문에 임차인이 이에 관해 부담하는
경우에는 세금계산서를 발급받지 못하므로 환급을 받지 못한다(비용처리는 가능).

3. 적용 사례 2

일반과세자인 K 씨는 상가 임대차에 대한 계약을 다음과 같이 체결했
다.

구분	임대보증금	월 임대료	비고
임대료	1억 원	200만 원	관리비는 실비정산

Q1 매월 발급해야 하는 세금계산서상의 공급가액은 얼마인가?

매월 받는 임차료 200만 원의 10%에 상당하는 부가세를 포함해서

세금계산서를 발급해야 한다.

02 **K 씨는 관리비에 대해서는 별도의 세금계산서를 발급하지 않고 있다. 문제가 없는가?**

원칙적으로 발급하는 것이 맞다. 세법은 사업자가 부가세가 과세되는 부동산 임대료와 당해 부동산을 관리해주는 대가로 받는 관리비 등을 구분하지 아니하고 영수하는 때는 전체 금액에 대해 과세하기 때문이다. 다만, 임차인이 부담해야 할 보험료·수도료 및 공공요금 등을 별도로 구분 징수해 납입을 대행하는 경우 당해 금액은 부동산 임대관리에 따른 대가에 포함하지 아니한 것으로 보므로 이런 금액은 세금계산서 발급 시 제외할 수 있다(부가세법 기본통칙 13-48-3).

03 **K 씨는 현재 일반과세자인데 간이과세자로 할 수 없을까? 이때 주의할 점은?**

K 씨의 연간 총 임대료는 월 임대료 합계 2,400만 원과 간주임대료 등을 합해서 4,800만 원에 미달하므로 간이과세자 수준에 해당한다. 따라서 간이과세자로 과세유형이 변경될 수 있다. 하지만 이때 주의할 점은 다음과 같다.

- 상가 매입 시 부가세를 환급받은 지 10년이 지나지 않았다면 환급받은 부가세 중 일부를 추징당할 수 있다.
- 임대인이 간이과세자로 전환된다면 간이과세자인 임대인은 세금계산서를 발급할 수 없고 10%의 부가세를 별도로 거래징수할 수 없다.
- 임차인은 임대인으로부터 세금계산서를 수취하지 못해 10%의 부가세를 공제받지 못하게 되어 거래를 기피하게 된다.

임대료에 대한
세금계산서 발급방법

상가를 임대할 때 임대료나 관리비 등에 대해 세금계산서를 어떤 식으로 발급하는지 알아보자. 임대료 등에 대한 세금계산서 발급은 수입금액의 크기를 결정한다는 점에서 중요하다.

1. 세금계산서 발급

상가 임대 시 세금계산서 발급은 거래상대방에 따라 다양한 효과를 발생시킨다.

1) 거래상대방이 간이과세자인 경우

간이과세자는 매입 대가에 0.5%를 곱한 만큼 세액공제를 받을 수 있다. 따라서 일반적으로 간이과세자는 세금계산서를 수취하지 않으려고 한다.

2) 거래상대방이 일반과세자인 경우

대부분 경비입증을 위해 세금계산서 발급을 요구한다. 일반과세자는 본인이 부담한 매입세액을 전액 공제받을 수 있다.

3) 거래상대방이 면세사업자인 경우

면세사업자는 부가세를 환급받지 못하기 때문에 세금계산서 수취를 기피하게 된다.

돌발퀴즈

일반과세자는 앞의 거래상대방에 따라 세금계산서 발급을 달리할 수 있을까?
아니다. 일단 세법은 임대사업자가 일반과세자에 해당하면 무조건 세금계산서 발급의무를 두고 있으므로 만일 세금계산서 발급을 하지 않으면 이에 대한 가산세를 부과한다. 심지어 거래상대방이 사업자등록을 하지 않은 경우에도 세금계산서를 발급하는 것을 원칙으로 하고 있다.

2. 적용 사례 1

다음 세금계산서 양식을 보고 물음에 대한 답을 찾아보자.

■ 부가세법 시행규칙 [별지 제14호서식] (적색) (2013. 06. 28 개정)

01 세금계산서 작성연월일은 언제를 기준으로 하는가?

세금계산서 작성연월일은 임대용역의 공급시기를 말한다. 세법은 '임대료를 받기로 한 날'을 공급시기로 보고 있다. 따라서 계약서상에 기재된 날에 맞춰 세금계산서를 발급하는 것이 원칙이다.

02 매월 25일자로 임대료를 받기로 했으나 입금이 30일에 되어 이날을 기준으로 세금계산서를 발급했다. 문제는 없는가?

그렇지 않다. 원칙적으로 입금 여부와 관계없이 '25일'자를 기준으로 세금계산서를 발급해야 한다. 참고로 대가를 주고받기로 한 날 전에 미리 선금을 받으면 이를 기준으로 발급해도 법적으로 문제가 없다(선세금계산서에 해당).

03 임차인이 비사업자면 세금계산서를 발급할 수 없는가?

그렇지 않다. 임차인이 비사업자에 해당하면 주민등록번호를 기재해서 세금계산서를 발급해야 한다.

04 임대사업자의 전자세금계산서 발급의무는?

법인사업자와 직전 연도의 임대료가 8,000만 원이 넘는 개인사업자는 전자적 방법으로 세금계산서를 발급해야 한다. 또한 전자세금계산서는 발급일의 다음 날까지 이를 거래상대방에게 전송해야 한다. 이를 어긴 경우에는 가산세 제재가 있으므로 주의해야 한다.

3. 적용 사례 2

세금계산서와 관련된 내용에 대해 추가로 알아보자.

01 K 씨는 1년간 임대 중에 임대료 5개월분을 받지 못했다. 이 경우 이를 제외하고 부가세 신고를 해도 되는가?

아니다. 사업자가 재화 또는 용역을 공급하는 경우 대가 수령 여부에 상관없이 공급시기는 재화 또는 용역을 공급하는 때다. 따라서 사례의 경우 12개월에 대한 임대수입에 대해 부가세 신고를 해야 한다.

02 A는 임대인, B는 임차인이다. A와 B의 계약은 2025년 2월까지이나 B가 개인적인 이유로 2024년 12월 폐업신고를 하고 더 사업을 하지 않고 있다. A는 2025년 1, 2월 월세를 보증금에서 제외할 예정이다. 이 경우 세금계산서는 발급하지 않아도 되는가?

아니다. 부동산 임대업자가 임차인으로부터 월세를 받지 아니할 때 (미수금)도 세금계산서를 발급하고 그 공급시기가 속하는 과세기간에 부가세를 신고·납부해야 한다. 참고로 B가 폐업신고를 했으므로 사업자등록번호가 아닌 B의 주민등록번호로 세금계산서를 발급해야 한다(관련 예규 : 부가-4583, 2008. 12. 03).

03 K 씨는 1년분 임대료를 선급으로 받았다. 이 경우 세금계산서는 어떻게 발급해야 하는가?

사업자가 둘 이상의 과세기간에 걸쳐 부동산 임대용역을 공급하고 그 대가를 선급이나 후급으로 받을 때는 해당 금액을 계약 기간의 개월수로 나눈 금액의 각 과세대상 기간의 합계액을 공급가액으로 한다.

- 과세표준＝선급 임대료 × 각 과세기간 월수/계약 기간 월수

04 K 씨는 임대인의 동의를 얻어 전대차를 했다. 이 경우 세금계산서는 어떤 식으로 발급해야 하는가?

K 씨와 전차인에게 세금계산서를 발급해주고, 전차인은 전대인에게 부가세 10%를 지급해야 한다.

 상가의 공급과 임대 시 영수증 발급의무

구분		세금계산서	계산서
일반과세자(재화)	매매(분양)	○	△(토지)*
	포괄양수도	X	X
	포괄양수도 대리 납부	○	X
	폐업 시 잔존재화	X	X
	건물(토지 제외) 증여	△**	X
일반과세자(용역)	임대차계약	○	X
	간주임대료	X	X
간이과세자(재화, 용역)		X	X
면세사업자(재화, 용역)		X	○

* 토지의 공급은 계산서를 발급하지 않아도 된다. 다만, 매수자가 요청한 경우에는 이를 발급해야 한다.

** 건물과 토지를 포괄적으로 증여하면 부가세가 발생하지 않는다(일부 지분 증여도 마찬가지다). 단, 건물만 증여 시에는 포괄양수도가 아니므로 이때는 세금계산서를 발급하는 것이 원칙이다. 유권해석으로 이를 확인하기 바란다.

상가 임대차계약의
형태에 따른 부가세 처리법

상가 임대 시 발생하는 부가세는 임대차계약에 따라 그 내용이 달라지는 경우가 많다. 특히 가족 간에 임대차계약이 이루어지는 경우가 그렇다. 다음에서는 이와 관련된 다양한 사례들을 살펴보자.

1. 임대차계약의 형태에 따라 달라지는 부가세

임대차계약의 형태에 따라 달라지는 부가세 과세문제를 살펴보자.

정상임대	• 세무상 쟁점이 거의 없다. • 임대료를 받기로 한 날을 기준으로 세금계산서를 발급한다.
▼	
저가 임대	• 특수관계인에게 저가 임대 시 시가인 임대료와의 차이에 대해서는 부가세가 과세된다. • 시가와 저가의 임대료에 대해서는 세금계산서를 발급할 수 없다.
▼	
무상임대	• 특수관계인에게 무상임대 시 시가인 임대료에 대해서는 부가세가 과세된다. • 무상 임대료에 대해서는 세금계산서를 발급할 수 없다.

▶ 가족 등 특수관계인 간에 저가나 무상으로 임대 시에는 시가인 임대료를 기준으로 부가세와 소득세가 부과될 수 있다. 주의하기 바란다.

2. 적용 사례 1

K 씨는 현재 상가 하나를 미용실로 임대 중인데 임대차계약 시 부가세에 대한 언급 없이 월 60만 원을 받기로 했다. K 씨는 부가세는 당연히 별도로 있는 것으로 알고 계약서에 이 내용을 기재하지 않았는데 임차인은 내지 않겠다고 버티고 있다. 임차인은 간이과세자고 K 씨는 일반과세자다.

01 계약서에 부가세 표시가 되어있지 않으면 누가 부담해야 하는가?

부동산 임대계약서상 월세에 대한 공급가액과 부가세액이 별도 표시되어 있지 아니한 경우 또는 부가세가 포함되어 있는지 불분명한 경우에는 거래금액의 110분의 10에 상당하는 금액을 당해 공급에 대한 부가세로 거래 징수한 것으로 보아 부가세를 신고·납부해야 한다. 따라서 사례의 경우에는 임대인 K 씨가 납부해야 한다(관련 예규 : 부가 46015-2088, 1999. 7. 21).

02 K 씨의 부담이라면 부가세는 얼마인가?

부가세 신고 시 '60만 원×10/110'에 상당하는 금액인 54,545원을 부가세로 보고 나머지 금액을 공급가액으로 본다.

Q3 이러한 문제를 예방하기 위해서는 어떻게 해야 하는가?

월세 60만 원에 대해 부가세를 별도로 구분해서 거래 징수할 것인지 또는 거래금액에 포함해서 거래 징수할 것인지 미리 결정해서 계약서에 반영해둬야 한다.

3. 적용 사례 2

서울 성동구에 거주하고 있는 K 씨는 부친의 상가를 무상으로 임차해서 커피전문점을 운영하려고 한다.

Q1 무상임대를 하면 부가세 문제는 없는가?

특수관계인 간의 거래가 아닌 경우에는 과세문제는 없으나 특수관계인 간의 거래인 경우에는 과세의 문제가 발생한다. 다음 예규를 참조하자.

※ 관련 예규 : 특수관계인 간의 무상임대에 대한 부가세 과세 여부(부가-123, 2014. 02. 17)

　사업자가 대가를 받지 아니하고 타인에게 용역을 공급하는 것은 용역의 공급으로 보지 아니하나, 사업자가 부가세법 시행령 제26조 제1항에서 정하는 특수관계인에게 사업용 부동산의 임대용역을 공급하는 것은 용역의 공급으로 보아 부가세가 과세됨.

Q2 무상임대에도 부가세가 과세된다면 세금계산서는 어떻게 발급하는가? 그리고 부가세 신고는 어떻게 하는가?

특수관계인에게 무상임대를 한 경우에는 세금계산서 발급의무는 없다. 한편 무상 임대료에 대한 부가세 신고는 서식의 기타 과세 매출 란에 기재해서 신고한다.

03 무상 임대료에 해당하는 금액을 소득세 신고 시 총 수입금액에 산입해서 신고해야 하는가?

부동산 임대소득이 특수관계인 간의 거래를 통해 발생하고, 시가와 대가의 차이가 3억 원 이상이거나 시가의 5% 이상이면 부당행위계산 부인 규정이 적용된다. 따라서 무상임대도 이에 해당하므로 시가 금액을 총 수입금액에 산입해서 신고·납부해야 한다(소득세법 제41조 등).

04 위와 무관하게 특수관계인 간에 문제가 없어지려면 임대료는 어떤 식으로 결정해야 하는가?

시가에 맞게 결정해야 한다. 주변의 시세를 비교하면 좋을 것이다. 만일 이러한 자료를 갖추기 힘들다면 감정평가를 받아 진행하면 좋을 것으로 보인다.

Tip 임대차계약 시에 발생한 중개수수료와 부가세

중개사무소의 사업자등록이 일반과세자로 됐다면 수수료의 10%가 부가세가 된다. 따라서 이 금액을 추가로 지급한 후 세금계산서(현금영수증 포함)를 받게 된다. 한편 이를 수취한 상가 임대사업자의 사업자 유형이 일반과세자라면 10% 전액, 간이과세자라면 매입액(공급 대가)의 0.5% 정도 환급(단, 간이과세자는 매출세액에서 공제는 가능하나 환급은 불가)을 받을 수 있으나, 기타 면세사업자나 비사업자는 전액 환급을 받을 수 없다.

임대소득에 대한
소득세 과세방식

상가의 임대소득은 종합소득의 한 부분에 해당한다. 따라서 다른 종합소득이 발생하면 이를 합산해서 6~45%로 과세*된다. 다음에서는 상가 임대소득에 대한 과세원리 등에 대해 알아보자.

* 이를 종합과세방식이라고 한다. 참고로 종합소득은 이자와 배당소득, 근로소득, 사업소득, 연금소득, 기타소득으로 구성된다.

1. 소득세 신고방법

소득세는 다음 해 5월(성실신고확인사업자는 6월) 중에 신고 및 납부해야 한다. 소득세를 신고하는 방법에는 다음과 같은 것들이 있다.

1) 장부로 신고하는 방법

장부기장을 통해 소득금액을 계산하는 것을 말한다. 과세되는 소득금액은 임대료 수입에서 각종 비용(감가상각비, 이자 비용 등)을 차감해 계산한다.

2) 장부 없이 단순경비율로 신고하는 방법

직전 연도 임대수입금액이 2,400만 원에 미달하면 다음과 같이 소득금액을 파악한다. 신규사업자의 경우 간편장부대상자인 7,500만 원에 미달하면 단순경비율을 사용할 수 있다.

- 수입금액-수입금액×단순경비율(상가 임대의 경우 41.5%)

3) 장부 없이 기준경비율로 신고하는 방법

직전 연도 임대수입금액이 2,400만 원 이상이면 다음과 같이 소득금액을 파악한다.

- 수입금액-3대 주요경비-수입금액×기준경비율(상가 임대의 경우 19.9%)

3대 주요경비는 인건비, 매입비, 임차료 등을 말하며 영수증으로 확인이 되어야 한다.

※ 임대사업자의 장부작성의무

모든 사업자는 세법에서 정하고 있는 장부작성의무가 있다.
- 신규사업 연도는 간편장부대상자에 해당한다. 물론 복식부기로 장부를 작성할 수 있다.
- 전년도 임대수입금액이 7,500만 원 이상이면 복식부기 의무자에 해당한다.
- 장부 미작성 시 무기장가산세 20%가 부과된다(단, 신규사업자 및 매출액이 4,800만 원에 미달하는 소규모 사업자 등은 제외).

2. 적용 사례

K 씨는 이번에 상가를 구입해서 임대할 계획을 세우고 있다. 그런데 상가 임대료에 대한 소득세가 상당히 많이 나올 것 같아 미리 대책을 마련하려고 한다. 그가 예상하는 연간임대수입은 3억 원 선이며, 비용은 인건비 등으로 조절할 수 있다고 하자. 만일 필요경비가 1억 원, 2억 원, 2.5억 원으로 변동하면 예상되는 소득세는 얼마일까? 단, 소득공제는 없다고 가정한다.

Q1 앞의 자료를 바탕으로 소득세를 계산하면 얼마나 나올까?

구분	① 필요경비가 1억 원인 경우	② 필요경비가 2억 원인 경우	③ 필요경비가 2.5억 원인 경우
수입금액	3억 원	3억 원	3억 원
-필요경비	1억 원	2억 원	2억 5,000만 원
=소득금액	2억 원	1억 원	5,000만 원
×세율	38%	35%	15%
-누진공제	1,994만 원	1,544만 원	126만 원
=산출세액	5,606만 원	1,956만 원	624만 원

필요경비가 1억 원인 경우 소득금액은 2억 원이므로 이에 38%를 적용한 후 1,994만 원의 누진공제를 차감하면 산출세액은 5,606만 원이 나온다. 그리고 이 금액의 10%는 지방소득세로 별도 부과되므로 대략 6,166만 원 정도의 총 세금이 발생한다.

Q2 임대업 필요경비는 다른 업종에 비해 그 범위가 넓은가, 좁은가?

좁다. 임대 활동에 드는 경비가 다른 업종에 비해 많지 않기 때문이다. 이에 대한 구체적인 내용은 이 장의 절세 탐구에서 살펴본다.

⊙ 부동산 임대업의 경우 세금관리를 제대로 하지 못하면 소득세가 크게 나올 위험성이 있다.

03 부동산 임대사업자가 받을 수 있는 소득공제나 조세감면제도는?

소득공제에는 노란우산공제,* 국민연금보험료 공제 등이 있다. 조세감면제도에는 연금계좌 세액공제,** 임대료 인하에 따른 세액공제,*** 통합고용세액공제**** 등이 있다.

* 개인사업자와 연봉 7,000만 원 이하의 법인의 대표이사가 이에 가입해서 불입하면 매년 200~500만 원을 소득공제하는 제도(2025년 기준 8,000만 원, 최대 600만 원 공제로 개정)

** 개인사업자가 연간 600만 원 내에서 연금저축에 가입 시 12~15%를 세액공제하는 제도

*** 인하한 임대료의 70%를 소득세 등에서 공제하는 제도

**** 고용을 증가시키면 1인당 최대 1,550만 원(2025년은 2,400만 원)을 최대 3년간 지원하는 제도 (단, 2025년부터 임대업이 중소기업에서 제외되면 연간 400만 원으로 축소될 수 있음)

 Tip **장부신고 대 추계신고의 실익 비교**

상가 임대사업자의 소득세 신고하는 방법에 따른 실익을 알아보면 다음과 같다.

구분	기장의 경우	무기장의 경우	
		기준경비율	단순경비율
개념	장부를 근거로 신고(원칙)	주요 3대 비용과 기준경비율로 신고하는 방법	단순경비율로 신고하는 방법
적용대상자	모든 사업자	단순경비율 적용 이 외의 사업자가 무기장 시 적용 가능	• 신규사업자로서 수입금액이 업종별로 일정 금액(임대업 7,500만 원)에 미달하는 경우 적용 가능 • 계속사업자의 경우에는 전년도 수입금액이 업종별로 일정 금액(임대업 2,400만 원)에 미달해야 함.

구분	기장의 경우	무기장의 경우	
		기준경비율	단순경비율
장점	• 실질에 맞게 세금을 납부할 수 있다. • 결손금을 인정받을 수 있다.	• 주요 3대 비용이 큰 경우 간편하게 신고할 수 있다.	• 간편하다. • 일반적으로 세금이 적게 나온다.
단점	• 장부를 작성해야 한다. • 관리비용이 든다.	• 세금이 많이 나오는 경우가 일반적이다. • 가산세가 부과된다.	이용할 수 있는 상황이 제한적이다.

◉ 사업 규모가 작은 경우에는 단순경비율을 먼저 검토하면 된다. 하지만 사업 규모가 큰 경우는 장부작성을 먼저 검토해야 한다.

소득세 신고
(단독명의)

임대소득이 발생하면 이에 대해서는 다음 해 5월이나 6월(성실신고확인대상 사업자의 경우) 중 소득세를 신고해야 한다. 이때 소득세는 다른 소득(근로소득 등)과 합산해서 6~45%의 세율로 계산된다. 다음에서는 상가 명의를 단독으로 하는 경우의 소득세 계산법부터 살펴보자.

1. 종합과세가 되면 세금이 증가하는 이유

임대소득만 있는 경우에는 이에 대한 소득금액에 종합소득공제를 적용해서 과세표준을 계산하고 이에 세율을 곱해 산출세액을 계산하게 된다. 만일 근로소득이 있다면, 이에 근로소득금액을 합산해 산출세액을 계산해야 한다. 따라서 소득이 증가하면 세율이 올라가고 이에 따라 소득세도 증가하게 된다. 예를 들어 근로소득과 사업소득의 과세표준이 각각 1억 원인 경우와 합산 과세한 경우의 세금 차이를 비교하면 다음과 같다.

구분	개별과세 시			합산과세 시
	사업소득	근로소득	계	
과세표준	1억 원	1억 원	–	2억 원
X세율	35%	35%	–	38%
-누진공제	1,544만 원	1,544만 원	–	1,994만 원
=산출세액	1,956만 원	1,956만 원	3,912만 원	5,606만 원

표를 보면 개별과세와 합산과세의 차이는 1,694만 원이 된다. 결국,
임대소득에 대한 세금을 줄이기 위해서는 소득을 적절히 조절할 필요
가 있다(다음 사례 참조).

2. 적용 사례

부산광역시에 사는 K 씨에게 다음과 같이 임대소득이 발생했다.

| 자료 |

• 수입 : 1억 원
• 비용 : 5,000만 원(이자 비용, 재산세 등)
• 소득공제 : 1,000만 원

---

01 임대소득 금액은 얼마인가?

임대소득 금액은 수입에서 비용을 차감해서 계산하므로 1억 원에서
5,000만 원을 뺀 5,000만 원이 된다.

02 앞의 비용에 가사비용 1,000만 원이 포함되어 있다면 소득금액은 얼마로 수정되어야 하는가?

비용 중 1,000만 원이 제외되어야 하므로 6,000만 원이 소득금액이 된다.

03 임대소득만 있으면 소득세는 얼마인가?

임대소득에 대한 소득세는 다음과 같이 계산한다.

구분	금액	비고
수입	1억 원	
-비용	5,000만 원	
=이익(소득금액)	5,000만 원	세무조정은 없다고 가정
-종합소득공제	1,000만 원	
=과세표준	4,000만 원	
×세율	15%	
-누진공제	126만 원	
=산출세액	472만 원	

04 근로소득금액이 3,000만 원이라면 소득세는 얼마나 증가할까?

근로소득이 있는 경우에는 다음과 같이 합산과세를 한다.

구분	임대소득	근로소득	계
수입	1억 원		
-비용	5,000만 원		
=이익(소득금액)	5,000만 원	3,000만 원	8,000만 원
-종합소득공제			1,000만 원

구분	임대소득	근로소득	계
=과세표준			7,000만 원
×세율			24%
-누진공제			576만 원
=산출세액			1,104만 원

임대소득과 근로소득이 있는 경우 합산해서 과세되므로 전체 세금이 1,104만 원이 나온다. 이를 임대소득 금액과 근로소득금액 비율로 나누면 다음과 같이 세금이 나뉜다.

- 임대소득에서 발생하는 세금 $= 1{,}104$만 원 $\times \dfrac{5{,}000\text{만 원}}{8{,}000\text{만 원}}$

  $=$ 약 690만 원

- 근로소득에서 발생하는 세금 $= 414$만 원($= 1{,}104$만 원-690만 원)

 2025년 부동산 임대업 중소기업 업종제외와 소득세 신고

2025년부터 부동산 임대업이 중소기업 업종에서 제외되면 다음과 같은 불이익이 발생할 수 있다.
- 접대비 기본한도가 연간 3,600만 원에서 1,200만 원으로 2,400만 원이 감소한다.
- 임대사업자가 직원 1명을 추가하는 경우 연간 2,400만 원까지 공제받을 수 있으나, 중소기업 업종에서 제외되면 연간 400만 원으로 줄어든다.

소득세 신고
(공동명의)

상가를 부부공동 명의로 취득해서 임대하는 경우에는 세금을 절세할 수 있을 것인가? 다음에서는 상가를 부부공동 명의로 구입해서 임대하는 경우의 실익분석을 해보자.

1. 공동임대사업자의 세금계산법

공동임대사업자의 세금계산은 어떤 식으로 하는지 정리하면 다음과 같다.

소득금액 계산	공동사업장을 1 거주자의 것으로 보고 전체에 대한 임대소득 금액(수입-비용)을 계산한다.
▼	
소득금액 분배	• 세무서에 신고된 소득분배비율을 기준으로 소득금액을 분배한다. • 일반적으로 소득분배비율은 상가의 지분율과 일치한다.
▼	
소득세 계산	위와 같이 구분된 소득금액을 개인별로 다른 소득에 합산해 과세된다.

※ **공동사업자의 필요경비 처리법**

- 공동사업장을 1 거주자로 보고 소득금액을 계산한다. 따라서 공동사업자가 사업과 관련해서 지출한 각종 비용은 필요경비에 해당한다.
- 공동사업자의 건강보험료는 모두 인정된다.
- 업무용 승용차는 1대 외 나머지는 업무전용보험에 가입해야 한다(복식부기 의무자에 한함).

2. 적용 사례

서울 송파구에 거주하고 있는 K 씨는 그동안 벌어 놓은 돈과 대출금을 합해 상가를 취득해서 임대하려고 한다. 월세 등에 관한 내용은 다음과 같다.

| 자료 |

- 취득금액 : 5억 원(부가세 별도)
- 월세 : 250만 원(부가세 별도)
- 월 이자 비용 등 : 100만 원

Q1 K 씨에게 다른 소득이 없다면 임대에 따른 소득세는 얼마나 될까? 단, 종합소득공제액은 500만 원이라고 가정하자.

구분	금액	비고
소득금액	1,800만 원	수입-비용=3,000만 원-1,200만 원=1,800만 원
-소득공제	500만 원	가정
=과세표준	1,300만 원	
×세율	6%	과세표준이 1,400만 원 해당 시 적용되는 세율
-누진공제	0원	
=산출세액	78만 원	

02 K 씨에게 근로소득(근로소득금액 3,000만 원)이 있다면 소득세는 얼마나 증가할까? 단, 종합소득공제액은 500만 원이라고 하자.

K 씨에게는 두 가지 소득이 발생했으므로 이 둘의 소득금액을 합해 6~45%의 세율로 정산해야 한다.

구분	금액	비고
종합소득금액	4,800만 원	사업소득 금액+근로소득금액 =1,800만 원+3,000만 원=4,800만 원
−소득공제	500만 원	가정
=과세표준	4,300만 원	
×세율	15%	
−누진공제	126만 원	
=산출세액	519만 원	

이 둘의 소득을 합산한 결과 소득세가 519만 원 나왔다. 근로소득이 추가되면서 441만 원(519만 원-78만 원)이 증가했다.

03 K 씨와 배우자가 공동명의(손익분배비율 50 대 50)로 등기를 하면 소득세는 얼마나 줄어들까?

K 씨에게 임대소득 외의 소득이 없는 상황에서 공동명의로 하면 소득이 분산되므로 단독명의로 한 것보다는 세금이 줄어들 가능성이 크다. 하지만 K 씨에게 앞에서 본 근로소득이 있는 경우에는 세금이 어떤 식으로 변할지 좀 더 분석할 필요가 있다. 분석의 편의를 위해 이 경우 K 씨의 소득공제액은 500만 원, 배우자의 소득공제액은 200만 원이라고 하자.

구분	K 씨	배우자	계
종합소득금액	3,900만 원*	900만 원	
-소득공제	500만 원	200만 원	
=과세표준	3,400만 원	700만 원	
X세율	15%	6%	
-누진공제	126만 원	0	
=산출세액	384만 원	42만 원	426만 원

* 근로소득금액+부동산 임대소득 금액=3,000만 원+1,800만 원/2=3,900만 원

앞의 Q2에서 K 씨의 명의로 할 때에 비해 연간 93만 원(=519만 원-426만 원)이 줄어들었음을 알 수 있다. 배우자에게로 소득이 분산되어 세금이 줄어들었기 때문이다. 다만, 배우자의 경우 건강보험료가 별도로 부과될 수 있으므로 실무적용 시 이 부분을 고려해야 한다(이에 대한 내용은 잠시 뒤에서 살펴본다).**

** 사례처럼 공동명의 시 소득세는 일부 줄어들 수 있지만, 건강보험료가 추가로 발생하면 이의 효과가 상쇄될 가능성이 얼마든지 있다. 따라서 공동명의 결정 전에 이러한 문제까지 파악하는 것이 좋을 것으로 보인다.

소득세 신고
(성실신고확인사업자)

    업종별로 매출액이 세법에서 정한 금액(임대업은 5억 원) 이상이 되는 개인사업자들은 성실신고확인제도를 적용받게 된다. 그런데 이 제도를 적용받으면 전년보다 세금이 증가하는 것이 일반적이다. 매출 및 경비에 대한 투명성이 제고되기 때문이다. 그렇다면 이를 적용받는 사업자들은 어떻게 해야 세금관리를 제대로 할 수 있을까?

1. 성실신고확인대상 사업자들의 세무관리법

    성실신고확인제도를 적용받은 임대사업자들은 다음과 같은 세금관리가 요구된다.

수입 및 비용관리	• 수입금액과 임대차계약서의 내용이 일치되도록 한다. • 특수관계인 간에는 정식적으로 임대차계약을 체결하도록 한다. • 임대업의 경우 필요경비가 부족하므로 인정받을 수 있는 경비를 최대한 갖추는 것이 좋다.

▼

결산 관리	• 감가상각비 등을 고려해서 결산을 진행한다. • 당기순이익의 크기에 따른 세금을 예측한다.

▼

소득세 신고관리	• 결산자료를 바탕으로 전년도의 실적과 동종업계의 평균신고수준 등과 비교한다. • 성실신고안내문 등의 내용을 참조해서 최종적으로 신고수준을 결정한다.

◉ 성실신고확인제도에 의해 세금이 증가하는 이유

- 성실신고확인업무를 처리하는 과정에서 업무 무관 비용에 관한 판단이 엄격해진다.
- 세금계산서나 카드전표 등을 받지 않으면 비용처리가 사실상 힘들어진다.
- 불성실신고 시 세무대리인에 대한 징계 및 임대사업자에 대한 세무조사의 가능성이 커 미리 성실신고를 하는 경향이 크다.

2. 적용 사례

K 씨의 현재 연간 임대수입금액은 4억 원대 후반을 유지하고 있다. 다음 물음에 답해보자.

01 부동산 임대업에 대한 성실신고확인제도는 어떻게 적용하는가?

성실신고확인제도는 세무대리인이 임대수입과 비용에 대해 건별로 이를 검증하도록 하는 제도를 말한다. 마치 외부 감사인이 재무제표에 대해 감사를 하는 것과 같은 모양새를 하고 있다. 이러한 과정을 통해 사업자들의 결산내용이 검증되고 그에 따라 적정 세수가 확보되는 효과를 누릴 수 있게 된다. 만일 이러한 업무를 성실하게 이행하지 않으면 사업자에게는 가산세가, 세무대리인에게는 업무정지 같은 징계가 뒤따르게 된다. 이에 대한 적용기준은 전년도의 수입금액을 기준으로 하고 있다. 부동산 임대업의 경우 '5억 원'이 기준금액이 된다.

구분	성실신고확인제도 적용기준 금액
1차산업, 도소매업 등	15억 원
음식점업/건설업 등	7.5억 원
부동산 임대업, 의료업 등 개인서비스업	5억 원

02 K 씨의 매출액이 5억 원 이상이 된 경우 성실신고확인제도가 적용되는데 이로 인해 세금이 얼마나 증가할 것인가? 그리고 세금이 증가하는 이유는 무엇인가?

예를 들어 K 씨가 성실신고확인제도를 적용받기 전에는 소득률을 40%선에서 신고했다고 하자. 하지만 성실신고확인제도가 적용되는 경우 경비 등에 대한 투명성이 강화되어 소득률이 60%대로 올라간다고 하자. 이러한 가정하에 세금을 계산하면 다음과 같다.

구분	성실신고확인제도 적용 전	성실신고확인제도 적용 후	차이
수입금액	5억 원	5억 원	–
×소득률	40%	60%	20%
=소득금액(과세표준)	2억 원	3억 원	1억 원↑
×세율	38%	38%	–
−누진공제	1,994만 원	1,994만 원	–
=산출세액	5,606만 원	9,406만 원	3,800만 원↑

성실신고확인제도를 적용받게 됨에 따라 세금이 3,800만 원 증가하는 결과가 나온다.

03 K 씨는 현재 다른 사업을 하고 있다. 이 경우 부동산 임대업에 대한 성실신고확인제도가 적용되는 조건은?

사업자가 업종을 2개 이상 겸영하는 경우에는 사업장별로 판정하는 것이 아니라, 납세자별로 성실신고확인대상 사업자 여부를 판정한다. 이때 다음과 같은 식을 이용한다.

- 주업종* 수입금액+주업종 외 수입금액×(주업종에 대한 성실신고확인대상 기준수입금액/주업종 외의 업종에 대한 성실신고확인대상 기준수입금액)

  * 주업종은 수입금액이 가장 큰 업종을 말한다.

예) 숙박업에 의한 수입금액 15억 원, 부동산 임대업 4억 원인 경우

- 주업종 수입금액+주업종 외 수입금액×(주업종에 대한 성실신고확인대상 기준수입금액/주업종 외의 업종에 대한 성실신고확인대상 기준수입금액) = 15억 원+4억 원×(10억 원/5억 원) = 23억 원

이 경우 매출액이 큰 숙박업이 주업종인데 이 업종의 성실신고 적용 기준 금액인 7.5억 원을 초과하므로 부동산 임대업도 성실신고대상에 해당한다.

04 공동사업자는 어떻게 성실신고확인 대상 판정을 판정하는가?

공동사업장은 공동사업장의 총 수입금액을 기준으로 판정한다. 즉,

지분율로 판단하는 것은 아니다. 참고로 단독사업장이 성실신고확인 대상이고, 공동사업장이 성실신고확인대상이 아닌 경우, 공동사업장에 관해서는 성실신고확인서 작성이 불필요하다. 이러한 문제는 실무에 해당하므로 세무회계사무소와 상의하기 바란다.

 상가 성실신고확인사업자의 대책

- 수입금액관리 → 수입금액이 성실신고확인대상이 되지 않도록 전세보증금 등으로 조절한다.
- 비용관리 → 지출 시 비용인정 여부, 증빙 종류 등을 점검한다.
- 법인전환 등 → 법인으로 전환*하거나 법인관리회사 등을 만들어 진행한다.
  * 이에 관한 내용은 9장을 참조하기 바란다.

상가 임대업과
건강보험료

　상가 임대업 운영 시 건강보험료를 어떤 식으로 부담하는지 마지막으로 정리해보자. 현재 건강보험료는 사업장(직장)과 지역 두 가지 체계로 운영되고 있다. 사업장은 개인사업자와 법인이 임직원에게 급여를 지급할 때 이에 대해 부과되며, 지역은 재산과 소득 등을 기준으로 부과되고 있다.

1. 직장인으로서 상가를 임대하는 경우

　직장인이 상가를 임대하는 경우에는 근로소득과 임대소득이 동시에 발생한다. 이 경우에는 다음과 같이 건강보험료가 부과된다.

1) 원칙

　사업장(직장)가입자로서 근로소득에 대해서만 건강보험료가 부과된다.

2) 예외

근로소득 외의 국민건강보험법상의 소득월액이 2,000만 원 초과 시 이에 대해서는 별도로 건강보험료가 추가된다.

▶ 앞의 소득월액은 소득세법상의 소득개념을 변형해 국민건강보험법 시행규칙 제44조 제1항에서 정하고 있다. 구체적으로 사업장(직장) 가입자의 보수 외 소득월액 또는 지역가입자의 소득월액은 다음의 금액을 합산한 금액으로 산정한다.

- 근로소득은 총 급여의 합계액(지역가입자의 경우에 한함)*
- 공적연금은 총 연금수령액(사적연금은 국세청에서 미통보되고 있음)*
- 기타소득 금액(수입에서 비용을 차감한 금액)

* 직장 가입자의 보수 외 소득월액 산정 시 지역가입자의 근로소득과 공적연금 수령액은 이 금액의 50%만 반영한다.

2. 개인사업자가 상가를 임대하는 경우

개인사업자가 상가를 임대하는 경우에는 임대소득 외에 다른 사업소득이 발생한다. 이 경우에는 다음과 같이 건강보험료가 부과된다.

1) 원칙

사업장에 종업원이 1인 이상이 있는 경우와 한 명도 없는 경우로 나눠 건강보험료 부과체계가 결정된다.

① 종업원이 1인 이상이 있는 경우

사업장으로 의무 가입해야 하며, 이때 사업주는 종업원 중 최고의 월급을 기준으로 가입신청을 한 후 향후 소득(사업소득+임대소득)이 정산**되면 이를 기준으로 보험료가 정산된다. 결손의 경우 종업원의 월급을 기준으로 하므로 보험료가 계속 징수된다.

** 사업자등록을 2024. 1. 1에 하면 2024년 소득세 정산은 2025년 5월에 하게 된다. 이때 발생한 소득 자료는 2025년 11월에 건강보험공단에 통보되어 이 자료를 기초로 2025년 12월부터 건강보험료가 부과된다.

② 종업원이 한 명도 없는 경우

지역 가입자로서 재산과 소득을 점수화해서 부과한다(건강보험공단 홈페이지 참조).

2) 예외

사업장(직장)에서 가입한 개인사업자에게 임대소득 등이 추가로 발생한 경우 이들의 소득 합계액이 2,000만 원 초과 시 지역에서 별도로 건강보험료가 추가된다.

※ 피부양자 제외요건

다음의 경우에는 피부양자 자격을 박탈한다. 피부양자 자격이 박탈되면 지역에서 건강보험료를 내는 것이 원칙이다.

1. 소득 기준

1) 사업자등록이 되어 있는 경우
- 소득 발생 : 사업소득이 발생해야 피부양자 자격이 박탈됨.
- 손실 발생 : 사업에서 손실이 발생하면 피부양자 자격을 유지할 수 있음.

2) 사업자등록이 없는 경우
- 사업소득이 500만 원 이하 : 사업소득(수입을 말함)의 합계액이 연간 500만 원 이하인 경우, 사업소득이 없는 것으로 간주하여 피부양자 자격을 유지함(단, 주택임대소득은 제외).
- 사업소득이 500만 원 초과 : 사업소득이 500만 원을 초과하면 피부양자 자격이 박탈됨.

3) 건강보험료 산정 소득 : 건강보험료 산정 소득이 2,000만 원을 초과하는 경우 피부
양자 자격이 박탈됨.*

   * 원칙적으로 분리과세 소득을 포함해 산정함(단, 금융소득은 1,000만 원 이하는 소득이 없는
   것으로 간주하며, 사적연금소득은 국세청 미통보로 이 금액에 포함하지 않음).

2. 재산세 과세표준액 기준

1) 일반적인 기준

   • 5억 4,000만 원 이하 : 피부양자 자격을 유지함.

   • 5억 4,000만 원에서 9억 원 이하 : 소득 합계액이 1,000만 원 이하일 때만 피부
   양자 자격을 유지할 수 있음.

   • 9억 원** 초과 : 피부양자 자격이 박탈됨.

   ** 시가표준액으로 환산 시 15억 원(공정시장가액비율 60% 가정), 시가로 환산 시 21억 원
   (시가 대비 시가표준액 70% 가정)

2) 형제자매의 경우

   • 재산세 과세표준이 1억 8,000만 원 이하 : 피부양자 자격을 유지함.

 공동명의로 상가를 임대하는 경우의 건강보험료 부과방법

각자의 임대소득 금액(수입-비용)이 2,000만 원 이하인 경우의 건강보험료 부과방법
을 요약해보자.

구분	남편	부인	내용
①	근로자	근로자	둘 다 미부과
②	근로자	무직	남편 미부과, 부인 부과
③	근로자	사업자	남편 미부과, 부인 부과
④	사업자	사업자	둘 다 부과(세대주 통합 부과)
⑤	사업자	무직	둘 다 부과(세대주 통합 부과)
⑥	무직	무직	둘 다 부과(세대주 통합 부과)

⊙ 공동명의에 의한 '소득세 절세액-건강보험료 추가액'이 +가 되면 공동명의
가 유리하고, 그 반대의 경우에는 공동명의가 불리하다고 볼 수 있다.

절세 탐구 **상가 임대업 비용처리법**

상가 임대업에서 자주 발생하는 비용의 범위를 별도로 살펴보면 다음과 같다.

1. 인건비

- 인건비 : 건물 관리인(청소용역인 포함)의 급여, 상여, 퇴직급여 등을 말한다. 이 중 급여나 상여를 지급하면 4대 보험료를 부담하게 된다. 허위로 신고하는 경우에는 인건비로 인정받지 못한다.
- 복리후생비 : 임직원을 위해 사용된 복리후생비(직원 야근 식대, 체육대회비, 건강보험료 등)는 비용으로 인정받을 수 있다. 참고로 명절 등에 지급되는 상품권은 복리후생비(거래처에 지급 시는 접대비)로 처리할 수 있다.

2. 접대비

- 접대비 : 상가 임대업은 연간 3,600만 원(2025년은 1,200만 원) 정도의 접대비를 사용할 수 있다. 다만, 접대비는 사업과 관련된 경비에 해당해야 문제가 없다.

◉ 지출한 경조사비는 세금계산서 등 적격영수증을 구비할 수 없으므로 지출금액이 20만 원 이하까지는 청첩장 사본 등을 갖춰두면 지출 증빙을 갖춘 것으로 본다.

3. 세금과 공과금

- 재산세와 종부세 : 사업경비로 인정받는다.
- 간주임대료 부가세 : 임대보증금에서 발생하는 부가세(간주임대료 부가세)도 비용으로 인정받는다.
- 자동차세 : 업무와 관련된 경우에는 사업경비로 인정된다(승용차 비용으로 분류되어 한도 규제를 받는다).
- 도로사용료 및 교통유발부담금 : 사업경비로 인정된다.
- 소득세(중간예납 포함) : 이는 사업경비에 해당하지 않는다.
- 부가세 : 환급받은 부가세는 사업경비에 해당하지 않으나 공제받지 못하는 부가세는 원가 또는 당기 비용으로 인정받는다.

4. 보험료

- 4대 보험료 : 사업자 본인의 건강보험료, 국민연금, 산재보험료도 경비로 인정받는다.
- 화재보험료 : 건물 화재보험료도 사업과 관련된 비용에 해당한다. 다만, 보험료 중 일부가 적립되는 경우에는 자산으로 처리해야 하며 비용처리 시 필요경비로 인정받지 못한다.
- 보장성 보험료 : 종업원을 위해 납부한 보험료는 사업과 관련된 비용이지만, 사업자를 위해 납부한 보험료는 업무와 관련 없는 비용에 해당한다.

5. 감가상각비

- 감가상각비 : 이는 건물(토지는 제외) 취득가액을 30~50년 동안 정액

법으로 상각한 금액을 말한다. 세법상 한도 내에서 자유롭게 상각할 수 있다. 상각하지 않아도 세법상 문제가 없다(임의상각 주의채택).

• 차량 감가상각비 : 이에 대해서는 다음에서 별도로 살펴본다.

6. 건물 수선비

• 경상수선비 : 엘리베이터나 건물 수선비 등은 전액 비용으로 인정받는다(다만, 세금계산서를 갖춰야 사후적으로 문제가 없다). 이러한 경상수선비는 보통 수익적 지출에 해당한다.

• 대수선비 : 사업연도 중에 대규모 수선(리모델링)을 한 경우에는 기존건물에 포함해서 감가상각을 시행한다. 통상 자본적 지출액에 해당한다.

7. 건물 관리비

• 외주관리비 : 건물 관리를 외부에 위탁한 경우에 발생하는 지급수수료는 전액 비용처리가 된다.

• 기타 건물 관리비 : 기타 소모품비 등 사업과 관련된 비용은 전액 공제받을 수 있다.

8. 차량 유지비

상가 임대업을 운영하면서 업무용으로 사용되고 있는 차량 유지비는 비용으로 인정된다. 다만, 복식부기 의무자인 임대사업자는 차량운행일지를 작성해야 하며 이를 작성하지 않으면 연간 1,500만 원 범위에서 비용처리를 할 수 있다.

9. 이자 비용

- 이자 비용 : 보통 부동산취득 때 대출받은 비용은 임대 시 전액 비
용으로 인정받는다. 그리고 임대보증금 반환을 위해 대출받은 경
우의 이자도 경비로 인정받을 수 있다.
- 차입금의 명의인과 실질적인 차용인이 다른 경우에는 실질적인 차
용인의 차입금으로 한다(서면 인터넷방문상담 1팀-1251, 2007. 9. 7).
- 공동사업자의 이자 비용 : 공동사업자가 부동산을 취득하기 위해
대출을 받으면 발생하는 이자 비용은 필요경비에 해당한다. 단, 대
출금이 출자금으로 사용된 경우에 해당 이자는 필요경비에 해당하
지 않으므로 주의해야 한다(이에 대한 자세한 내용은 저자의 다른 책이나 저
자가 운영하는 카페에 잘 정리되어 있다).

※ **관련 판례**

대출금은 동업 계약에 따른 출자의무를 이행하기 위해 차용한 자금이 아니라 목적사업
인 부동산 임대업을 운영하는 데 필요한 토지 및 건물을 구입하기 위해 차용한 자금이
므로 대출금의 지급이자는 필요경비에 해당하는데도 이를 원고들의 개인적인 출자 관
련 채무로 보고 지급이자를 필요경비 불산입한 것은 위법함(대법 2011두15466, 2011.
10. 13).*

* 저자는 부동산을 공동으로 취득하기 대출한 자금에 대한 이자는 모두 필요경비로 처리할 수 있다
고 본다.

10. 기타 비용

- 전화 요금 : 사업경비로 인정받는다. 참고로 임대사업자의 휴대전
화기 요금도 경비로 처리되고 있다.
- 도서인쇄비 : 업무와 관련 있는 경우에는 사업경비로 인정받는다.
- 기부금 : 업무와 무관하더라도 사업경비로 인정된다. 다만, 기부금

의 종류에 따라 한도가 있다. 종교 관련 기부금 한도는 사업소득
금액의 10%다.
- 임차인 손해배상 등 : 임대차기간이 만료되지 아니한 사업자와 협
  의해 임차인에 대한 손해배상이나 이사비용 등을 보상해줄 경우
  필요경비에 해당하나, 계약 만기 후 나가는 임차인들에게 손해배
  상의 대가로서 지급하는 경우 필요경비에 해당하는지는 사실판단
  사항이다.

※ 소득세와 양도세 필요경비의 관계

구분	소득세	양도세
개념	사업에 필수적으로 발생하는 경비	취득 및 양도 시 소요된 직접비용
필요경비의 범위*	• 매출원가 • 판매비(판매촉진비 등) • 일반관리비(인건비, 사무용품비, 복리후생비, 접대비 등) • 영업 외 비용(이자비용)	• 취득가액(자본적 지출 포함) • 취득세 • 중개수수료 • 채권매각손실 • 등기수수료 • 세무신고수수료 등
필요경비 입증방법	장부(계정별 원장, 지출근거인 계약서, 영수증 등)	계약서, 영수증
둘의 관계	소득세 필요경비와 양도세 필요경비는 관련성이 없음. 따라서 각 세목에 따른 규정에 따라 필요경비를 입증해야 함.	

* 소득세의 필요경비는 양도세 필요경비를 모두 포함하며, 이 외에도 인건비, 이자비용 등도 포함한다.

제 **7** 장

상가 양도 시의 부가세와
양도세 처리법

상가 양도와 폐업에 따른
세무 처리법

상가를 임대하다가 이를 양도하고 폐업하는 과정에서도 다양한 세무 문제가 발생한다. 구체적으로 재화(상가)의 공급(양도)에 따른 부가세, 폐업신고, 양도 및 소득세 신고 등에서 문제가 발생한다. 다음에서 이에 대해 정리해보자.

1. 폐업에 따른 세무 처리법

상가 임대 중에 폐업하면 다양한 세무문제가 발생하는데 이에 대한 세무 처리법을 대략 알아보자.

1) 폐업세금 검토

• 폐업하면 잔존재화에 대한 부가세 과세문제를 검토해야 한다. 폐업 시 잔존재화에 대해 부가세가 발생하는 경우는 상가의 양도 없이 사업을 폐지할 때다. 단, 당초 환급을 받지 않았으면 부가세 추징문제는 없다.

- 상가 양도에 따른 부가세는 포괄양수도에 의해 생략할 수 있다(자세한 것은 부록을 참조).

2) 폐업 및 부가세 신고

- 폐업일은 그 사업을 실질적으로 폐업하는 날을 말하며, 폐업한 날이 분명하지 아니한 경우에는 폐업신고서의 접수일을 말한다.
- 폐업에 따른 부가세 신고는 보통 폐업신고서를 제출한 날이 속한 달의 말일로부터 25일 이내에 해야 한다. 실무적으로 폐업신고는 부가세 신고 때 같이 한다.

3) 양도세 및 소득세 신고

- 양도세 신고는 양도일(잔금청산일)이 속하는 달의 말일로부터 2개월 이내에 해야 한다.
- 소득세 신고는 다음 해 5월(성실신고확인대상 사업자는 5~6월) 중에 해야 한다.

2. 적용 사례

K 씨는 수년 전에 상가를 분양받으면서 부가세를 1,000만 원 환급받았다. 그 이후 보증금 1억 원에 월세 200만 원을 받고 있다. K 씨는 최근 이 상가에 대해 매수 문의가 와서 이를 양도할 계획을 세우고 있다.

01 만일 지금 폐업하면 환급받은 부가세를 반환해야 하는가?

K 씨처럼 상가의 양도에 따라 폐업할 때는 당초 환급받은 부가세를 반환할 필요가 없다. 환급받은 부가세를 반환해야 하는 경우는 양도 없

이 사업을 폐지하거나 면세로 전용(예: 업무용 오피스텔을 주거용으로 전환)할 때 정도다. 이러한 상황이 되면 더 이상 부가세가 발생하지 않기 때문에 사업의 완전폐지로 보아 10년 중 잔여기간에 대한 부가세를 추징하게 된다.

Q2 상가의 양도에 따른 부가세는 반드시 납부해야 하는가?

그렇다. 임대사업자도 사업자에 해당한다. 따라서 사업자가 부가세가 과세되는 상가를 공급하면 건물공급가액의 10% 상당액을 부가세로 징수해서 이를 납부해야 한다.

Q3 앞의 상가 양도 시 발생하는 부가세 10%를 없애기 위해서는 어떻게 하면 될까?

K 씨와 매수자가 포괄양수도계약*을 맺으면 된다. 이때 매수자는 일반과세자로 사업자등록을 하면 된다.

* 상가를 양도하면 원칙적으로 부가세가 발생한다. 하지만 사업 자체를 포괄적으로 양도하면 부가세 없이 거래할 수 있다. 이에 대한 자세한 내용은 부록을 참조하기 바란다.

Q4 매수자는 사업자등록을 하지 않은 상태다. 이 경우에 세금계산서는 어떻게 발급하는가?

이런 상황에서는 주민등록번호를 기재해서 세금계산서를 발급한다. 세금계산서 발급일은 '상가 잔금청산일' 또는 '폐업일'을 공급시기로 해서 기재한다. 참고로 폐업 후에 계약하고 잔금을 청산한 경우에는 폐업 시 잔존재화에 대한 부가세를 검토해야 한다(단, 취득 후 10년 경과 시는 부가세 추징문제 없음).

폐업절차와 세무신고법

상가 임대사업자가 폐업하는 경우 그 절차에 따른 세무 처리법을 요약하면 다음과 같다.

절차	내용
상가 양도에 따른 부가세 검토	• 포괄양수도계약을 체결할 경우 → 부가세 없이 거래할 수 있음. • 포괄양수도계약을 체결하지 않을 경우 → 세금계산서 수수 문제가 발생함. 건물공급가액을 인위적으로 안분하는 경우 세금추징문제가 발생할 수 있음.
매매계약 체결	폐업신고 전에 잔금청산을 하는 식으로 체결 ☞ 상가의 공급시기에 대해서는 다음 참조
폐업신고	• 폐업신고 : 지체없이 하도록 하고 있음. • 제출서류 : 사업자등록증 원본(없어도 무방), 폐업신고서(서식), 포괄양수도 시는 해당 계약서 첨부
부가세 신고	• 폐업 전의 과세기간(1. 1 또는 7. 1부터 폐업일)에 대한 부가세 신고(사업실적 및 상가 양도에 따른 부가세 포함) • 폐업일이 속하는 달의 말일로부터 25일 이내에 신고
양도세 신고	• 양도일이 속하는 달의 말일로부터 2개월 이내에 신고
소득세 신고	• 다음 해 5월 중 소득세 신고

※ 상가 임대업 폐업과 공급시기의 관계

① 폐업일 전에 계약금을 받고, 폐업일 후에 잔금을 받은 경우

재화의 공급으로 보아 원칙적으로 세금계산서 발급대상이 된다. 이 경우에는 폐업일이 세금계산서 작성연월일이 된다.

② **폐업일 전에 계약금과 잔금을 받은 경우**

재화의 공급으로 보아 원칙적으로 세금계산서 발급대상이 된다. 통상 잔금 지급일이 세금계산서 작성연월일이 된다.

③ **폐업일 후에 계약금과 잔금을 받은 경우**

폐업 시 잔존재화에 해당해 부가세 과세대상이 된다. 이때는 세금계산서를 발급할 수 없다.

※ 상가임대업 폐업과 공급시기의 관계

	계약형태		공급 유형	공급시기	세금계산서 발급
①	계약	잔금 지급	재화의 공급	폐업일	○
②	계약, 잔금 지급	폐업일	–	재화의 공급	잔금 지급일	○
③	–		계약, 잔금 지급	폐업 시 잔존재화	폐업일	×

상가의 양도와
부가세 발생

    개인이 임대하던 상가를 양도한다고 하자. 이러한 상황에서는 우선 상가 양도 시 발생하는 부가세 처리를 아주 잘 해낼 필요가 있다. 부가세 처리를 잘못하면 예기치 않은 세금문제로 고통을 받을 가능성이 크기 때문이다. 다음에서는 상가 양도 시 발생하는 부가세 처리방법에 대해 알아보자.

1. 상가 양도와 부가세

    임대용 부동산을 양도하는 경우에는 부가세 문제가 상당히 복잡하다. 임대사업자가 어떤 식으로 대응하느냐에 따라 다양한 세금문제가 발생하기 때문이다.

1) 폐업일 전에 상가를 양도한 경우(재화의 공급)

    보통 폐업신고 전에 임대용 부동산을 양도(잔금청산)하면 이는 세법상 재화의 공급으로 본다. 따라서 건물공급가액의 10%만큼 부가세가 발생하는 것이 원칙이다. 이때 다음과 같은 세무상 쟁점이 발생한다.

- 부가세는 얼마인가? → 원칙적으로 계약으로 정하면 되나 구분가액이 불분명하면 감정평가액이나 기준시가의 비율로 안분계산해야 한다.
- 부가세는 누가 부담하는가? → 원칙적으로 매수자가 부담한다. 이런 내용이 계약서에 반영되면 좋을 것이다.
- 세금계산서는 어떻게 발급하는가? → 공급시기(통상 대가를 받은 날)에 맞춰 발급한다.
- 세금계산서는 반드시 발급해야 하는가? → 그렇다. 다만, 포괄양수도에 해당하면 세금계산서를 발급하지 않아도 된다.

2) 폐업일 후에 상가를 양도하는 경우(폐업 시 잔존재화)

폐업한 후에 상가를 양도(잔금청산)하는 때도 있다. 이렇게 되면 더 이상 사업자가 아니므로 양도하는 상가에 대해서는 부가세가 발생하지 않는다. 하지만 이러한 상황에서 취득 후 10년 이내에 폐업하면 폐업 시에 잔존하는 재화를 자신에게 공급하는 것으로 보아 부가세를 추징한다. 다만, 당초에 본인이 환급받은 부가세가 있어야 추징(환급을 받지 않았으면 추징을 하지 않음)하며, 다음과 같은 식으로 환급받은 세액을 추징한다.

- 과세표준＝취득가액×[1 − (5/100×경과된 과세기간* 수)]
  * 1과세기간(6개월)에 5%씩 감가 상각된다고 본다(1년 기준은 10%).
- 부가세＝과세표준×10%

2. 적용 사례 1

공인중개사 K 씨는 다음과 같이 상가를 중개하려고 한다.

┌───┐
│ **| 자료 |**
│ • 양도 예상가액 : 6억 원(VAT별도)
│ • 취득가액 : 4억 원
└───┘

01 **매도자가 매수자로부터 징수해야 하는 부가세는 얼마인가? 단, 토지의 기준시가는 2억 원이고, 건물의 기준시가는 1억 원이다.**

상가건물과 토지를 일괄공급하는 경우 부가세는 '감정평가액 → 기준시가'의 비율 순으로 안분계산한다. 사례의 경우에는 감정평가액이 없으므로 기준시가 비율로 안분해서 토지와 건물의 공급가액을 계산한다.

| 총 공급가액
6억 원 | × | • 토지 기준시가/
(토지 기준시가 + 건물 기준시가)
= 2억 원/3억 원 | = | • 토지공급가액
4억 원 |
| | | • 건물 기준시가/
(토지 기준시가 + 건물 기준시가)
= 1억 원/3억 원 | = | • 건물공급가액
2억 원 |

따라서 부가세는 건물공급가액에 대해서만 부과되므로 2억 원의 10%인 2,000만 원이 된다.

02 **매수자는 앞의 부가세를 환급받을 수 있는가? 매수자는 간이 사업자다.**

매도자는 매수자로부터 2,000만 원의 부가세를 징수해서 이를 국가에 납부해야 한다. 그다음 매수자는 이를 환급받을 수 있는데, 이때 매수자는 간이과세자가 아닌 일반과세자에 해당해야 한다. 따라서 사례의 경우에는 이 부가세를 환급받을 수 없다.

※ 환급을 받을 수 없는 경우

- 매수자가 간이과세자인 경우
- 매수자가 비영리법인으로 목적사업용으로 사용하는 경우(예 : 교회의 예배당으로 사용)
- 매수자가 비사업자인 경우 등

03 앞의 부가세를 생략한 채 거래하기 위한 조건은?

포괄양수도계약을 맺으면 부가세 없이 처리할 수 있다. 포괄양수도 란 사업 자체를 양수자에게 그대로 이전하는 계약을 말한다. 다만, 양도 자가 일반과세자이고 양수자는 간이과세자인 상태에서도 포괄양수도 가 가능하나, 이때 양수자는 일반과세자로 사업자 유형이 바뀌게 된다.

▶ 포괄양수도계약은 실무상 상당히 중요하다. 부록을 참조하기 바란다.

3. 적용 사례 2

K 씨는 간이과세자로 다음과 같이 상가를 양도하려고 한다.

| 자료 |
- 매매 예상가액 3억 원(계약금 5. 10, 중도금 6. 10, 잔금 7. 10)
- 토지 기준시가 1억 원, 건물 기준시가 5,000만 원

---

01 간이과세자도 상가 양도에 따른 부가세를 부담하는가?

그렇다. 간이과세자가 상가를 양도하는 경우 건물 가액에 대해 4%* 상당액의 부가세가 과세된다.

* 임대업 부가가치율 40%에 부가세율 10%를 곱한 율을 말한다.

02 앞의 상가의 잔금을 받기 전에 폐업신고를 하는 경우 부가세가 부과되는가?

폐업일 전에 계약을 체결하고 폐업일 이후 잔금을 받는 계약조건이라면 '폐업일'을 공급시기로 보기 때문에 건물양도가액의 4%에 해당하는 부가세를 납부해야 한다.

03 앞의 경우 부가세는 얼마인가?

기준시가 정보가 있으므로 매매가액에 기준시가 비율[건물 기준시가/(토지 기준시가+건물 기준시가)]을 곱해 건물의 과세표준을 계산한 후 이에 4%의 세율을 곱하면 된다.

- 과세표준 : 3억 원×[건물 기준시가/(토지 기준시가+건물 기준시가)] = 3억 원×[5,000만 원/(1억 원+5,000만 원)] = 1억 원
- 부가세 : 1억 원×4% = 400만 원

상가 양도세
계산원리

상가를 임대한 후 이를 양도하면 양도세를 부담해야 한다. 상가에 대한 양도세 과세방식은 다른 부동산과 같지만 몇 가지에서 차이가 나고 있다. 다음에서는 상가 양도세에 대해 알아보자.

1. 상가 양도세 쟁점

1) 과세표준 관련

• 양도가액 → 부가세를 제외한 금액이 양도가액이 된다. 이때 토지와 건물 등의 가액을 안분해야 한다.
• 취득가액 → 실제 취득한 가액(불공제 받은 부가세 등 포함)을 원칙으로 한다. 계약서 분실 등의 사유가 발생한 경우 취득가액을 환산한다.
• 장기보유특별공제 → 6~30%의 공제율을 적용한다.

2) 세율 관련

상가는 1년 미만 보유 시 50%, 1~2년 미만 보유 시 40%, 2년 이상 보유 시 6~45%가 적용된다.

3) 신고·납부 관련

- 양도일이 속한 달의 말일로부터 2개월 이내에 주소지 관할 세무서에 신고 및 납부한다.
- 신고 후 2개월 내외에서 관할 세무서 담당자가 결정되면 사후검증이 뒤따른다.

2. 적용 사례

서울 강동구에서 거주하고 있는 K 씨는 상가를 양도하고자 한다. 자료가 다음과 같다고 할 때 양도세를 계산해보자.

| 자료 |
- 양도가액 : 4억 원(VAT별도)
- 취득가액 : 1억 5,000만 원(부가세 제외, 취득세 등 포함)
- 감가상각비 계상액 : 5,000만 원(소득세 계산 시 비용으로 처리된 금액)
- 보유기간 : 15년

상가를 양도할 때는 취득가액의 입증에 관심을 기울여야 한다. 감가상각비가 취득가액에서 차감되기 때문이다. 한편, 상가의 장기보유특별공제 최고한도는 30%가 된다.

구분	금액	비고
양도가액	4억 원	
– 필요경비 취득가액 기타필요경비	1억 원 1억 원	당초 취득가액–감가상각비 취득세 등
=양도차익	3억 원	
– 장기보유특별공제	9,000만 원	30% 공제(15년×2%)
=양도소득 금액	2억 1,000만 원	
– 기본공제	250만 원	연간 1회 적용
=과세표준	2억 750만 원	
× 세율	38%	
– 누진공제	1,994만 원	
=산출세액	5,891만 원	

ⓘ 취득가액 관련 실무처리 시 주의할 점

- 상가 취득자가 소득세를 계산할 때 감가상각비를 사용했다면 양도세 계산 시 이를 취득가액에서 차감해야 한다.
- 취득가액에는 부가세가 포함되지 않는 것이 원칙이다. 다만, 자산의 취득과 관련해서 부담한 부가세 중 부가세법 규정에 따라 공제받지 못한 매입세액은 취득가액에 포함된다(서면 인터넷방문상담 4팀-3640, 2007. 12. 26).

 양도차손이 예상되는 경우의 절세법

상가 공실 등으로 인해 매매가액이 하락할 때는 양도차손이 발생할 수 있다. 이때는 다음과 같이 전략을 세워보자.

- 같은 해에 양도세 과세대상 자산을 양도해서 양도차익이 발생하면 양도차손을 통산할 수 있다.*
  - *단, 양도차손익 통산은 세대별이 아닌 개인별로 적용한다. 따라서 부부는 통산하지 않는다. 한편 비과세 차익과는 통산할 수 없다.
- 양도 대신 증여할 때는 탁상감정을 받은 후 실행하는 것이 좋다.

상가 일괄양도·취득 시
가액의 안분방법

상가 양도와 관련해서 가장 헷갈리는 것 중 하나는 바로 상가를 토지와 건물로 구분하지 않고 양도하거나 취득할 때 이의 구분을 어떻게 할 것인지다. 알다시피 상가를 일괄공급할 때 토지와 건물로 나눠 양도차익을 구분하는 것이 원칙이기 때문이다. 다음에서는 상가를 일괄양도하거나 취득한 경우의 양도세 계산법을 알아보자.

1. 상가를 일괄공급하는 경우의 토지와 건물의 가액구분

1) 원칙

상가의 일괄양도하거나 취득한 경우 원칙적으로 다음과 같이 구분한다.

- 감정평가를 받아 구분하면 우선으로 이를 인정한다.
- 임의로 구분 기재해서 계약해도 된다. 단, 기준시가로 구분한 것에 비해 30% 이상 차이(부득이한 사유가 발생한 경우는 제외*)가 나면 가액

구분이 불분명한 것으로 본다.

> * 다른 법령에서 토지·건물의 양도가액을 정한 경우와 건물이 있는 토지 취득 후 건물을 철거하고 토지만 사용하는 경우 등을 말한다(2025년 이후 양도분부터 적용 예정).

◉ 2025년 이후의 양도분부터 납세자가 구분한 토지·건물의 가액을 인정할 만한 사유가 있으면 안분계산에서 제외할 예정이다. 이는 중요한 의미가 있으므로 잠시 뒤에 별도로 살펴보고자 한다.

2) 예외

계약서상에 가액이 구분되지 않았거나, 가액의 구분이 불분명한 경우에는 기준시가 비율로 안분한다.

2. 적용 사례

K 씨는 다음과 같은 상가를 양도하고자 한다.

| 자료 |

- 상가 일괄 양도가액 : 10억 원
- 토지와 건물의 기준시가 비율 : 7 : 3
- 상가 취득가액(토지 2억 원, 건물 2.2억 원)
- 건물 감가상각 누계액 : 2,000만 원

Q1 앞의 경우 토지와 건물을 구분해서 양도세를 계산하는 것과 구분하지 않고 계산한 양도세는 차이가 있을까?

구분	토지와 건물을 구분하지 않은 경우	토지와 건물을 구분한 경우		
		토지	건물	계
양도가액	10억 원	7억 원	3억 원	10억 원
−취득가액(감가상각비 제외)	4억 원	2억 원	2억 원	4억 원
=양도차익	6억 원	5억 원	1억 원	6억 원
−장기보유특별공제(20%)	1.2억 원			1.2억 원
=과세표준	4.8억 원			4.8억 원
×세율	40%			40%
−누진공제	2,594만 원			2,594만 원
=산출세액	1억 6,606만 원			1억 6,606만 원

일반적으로 건물과 토지를 동시에 취득하고, 토지와 건물에 대해 모두 양도차익이 발생하면 그 결과는 같다.

02 만일 상가 일괄 양도가액에 영업권이 포함되어 있다면 이를 구분해야 하는가?

그렇다. 양도소득에 해당하는 영업권소득에 대해서는 취득가액이 없으며, 장기보유특별공제가 적용되지 않기 때문이다.

03 만일 일괄양도가액에 비품이 포함되어 있다면 어떻게 구분해야 하는가?

비품과 부동산을 일괄공급한 경우에는 장부가액 등을 통해 비품을 구분한 다음, 부동산을 가지고 2차 안분계산을 한다. 다음의 집행기준(④)을 참고하기 바란다.

토지와 건물을 일괄양도나 취득한 경우의 공급가액(양도가액이나 취득가액)은 다음과 같은 기준을 사용한다. 물론 감정평가를 받거나 계약서상 30% 이내의 금액으로 안분하면 이러한 기준이 필요 없다.

구분	공급가액 계산방법
① 실제 거래가액이 모두 있는 경우	• 구분된 건물 등의 실제 거래가액
② 감정평가액이 모두 있는 경우	• 감정평가법인이 평가한 감정평가액에 비례해 안분계산
③ 기준시가가 모두 있는 경우	• 공급계약일 현재 기준시가에 비례해 안분계산
④ 기준시가가 일부 있는 경우	• 먼저 장부가액(장부가액이 없는 경우 취득가액)에 비례해 안분계산 • 기준시가가 있는 자산에 대해는 그 합계액을 다시 기준시가에 비례해 안분계산
⑤ 기준시가가 모두 없는 경우	• 장부가액(장부가액이 없는 경우 취득가액)에 비례해 안분계산
⑥ 국세청장이 정한 공급가액 안분계산 방법	• 토지와 건물 등의 가액을 일괄 산정·고시하는 오피스텔 등의 경우 → 토지의 기준시가와 국세청장이 고시한 건물의 기준시가에 비례해 안분계산 • 건축하고 있는 건물과 토지를 함께 양도하는 경우 → 해당 건물을 완성해서 공급하기로 한 경우에는 토지의 기준시가와 완성될 국세청장이 고시한 건물의 기준시가에 비례해 안분계산 • 미완성 건물 등과 토지를 함께 공급하는 경우 → 토지의 기준시가와 미완성 건물 등의 장부가액(장부가액이 없는 경우 취득가액)에 비례해 안분계산

토지·건물 일괄 취득·양도 시 안분계산 예외 신설에 따른 양도세 계산법

2025년 이후 양도분부터 토지와 건물의 일괄 취득·양도 시 안분계산 예외 규정이 신설된다. 건물을 구입한 후 신축을 위해 건물을 멸실시키는 상황에서 가액을 임의로 구분한 경우 소득세법도 이를 인정하겠다는 것이다. 현행 소득세법은 이를 인정하지 않고 기준시가 비율로 토지와 건물의 가액을 나눠 양도세를 계산하도록 하고 있어, 부가세법과 일치되지 않아 실무상 혼란이 발생하고 있다. 다음에서는 이번 세법개정안에 맞춰 양도세를 어떤 식으로 계산할지 알아보자.

1. 소득세법상 토지와 건물 가액의 구분

1) 원칙

현행 소득세법 제100조에서는 다음과 같이 토지와 건물의 가액을 구분하도록 하고 있다.

- 토지와 건물 등을 함께 취득하거나 양도한 경우에는 이를 각각 구분해서 기장한다.

2) 예외

토지와 건물 등의 가액구분이 불분명*할 때는 취득 또는 양도 당시의 기준시가 등을 고려해 부가세법 시행령 제64조 제1항** 등에 따라 안분계산(按分計算)한다.

* 구분 기장한 가액이 같은 항에 따라 안분계산한 가액과 100분의 30 이상 차이가 있는 경우에는 토지와 건물 등의 가액구분이 불분명한 때로 본다.

** 감정평가액이 있는 경우에는 감정평가액, 없는 경우에는 기준시가로 안분한다.

◉ 현행 소득세법은 구분 기장한 가액이 같은 항에 따라 안분계산한 가액과 100분의 30 이상 차이가 있는 경우에는 불분명한 것으로 보아 기준시가 비율로 토지와 건물 가액으로 구분하도록 하고 있는데, 이에 대한 예외 단서 규정이 신설된다는 것이다. 다음의 내용을 참조하기 바란다.

※ 토지·건물 일괄 취득·양도 시 안분계산 예외 신설(소득세법 제100조 제3항 등, 2025년 이후 양도분부터 적용)

현행	개정안
□ 토지·건물의 일괄 취득·양도 시 기준시가 등에 비례해서 가액을 안분계산	□ 안분계산 예외 신설
○ 양도·취득가액을 실제 거래가액에 따라 산정 시 토지·건물의 가액구분이 불분명한 경우 ○ 납세자가 구분한 토지·건물의 가액이 기준시가 등에 따라 안분계산한 가액과 30% 이상 차이 나는 경우	○ 좌동
〈단서 신설〉	– 다만, **납세자가 구분한 토지·건물의 가액을 인정할만한 사유***가 있으면 안분계산 제외** *** ❶ 다른 법령에서 토지·건물의 양도가액을 정한 경우 ❷ 건물이 있는 토지 취득 후 건물을 철거하고 토지만 사용하는 경우

2. 적용 사례

K 씨는 다음과 같은 상가건물을 양도하려고 한다.

| 자료 |

• 당초 취득가액 : 토지 5억 원, 건물 5억 원(감가상각 누계액 3억 원)
• 매매 예상가액 : 토지 20억 원, 건물 0원(기준시가 안분 시 토지 15억 원, 건물 5억 원)
• 매수자 취득 경위 : 멸실 후 신축

---

01 건물 가액을 0원으로 하면 부가세법상 문제는 없는가?

토지만을 사용하기 위해 건물을 바로 철거한 경우에는 문제가 없다. 참고로 다음과 같은 내용도 알아두자.

• 건물을 바로 철거하지 않고 일정 기간 사용 후 철거한 경우에는 부가세 과소신고에 해당할 수 있다.
• 건물을 일정 기간 사용 후 철거 시에는 토지와 건물 가액을 안분하는 것이 원칙이다. 이후 건물을 철거하더라도 부가세 환급분은 추징당하지 않는다(기재부 부가가치세제과-371, 2017. 07. 24).*

* 세금계산서를 발급하는 것 대신 포괄양수도계약을 맺으면 부가세 없이 거래할 수 있다.

02 매도자의 양도세는 얼마나 나올까? 양도가액은 기준시가로 안분한다고 하자.

구분	토지	건물	합계
양도가액	15억 원	5억 원	20억 원
−취득가액(감가비 차감)	5억 원	2억 원	7억 원
=양도차익	10억 원	3억 원	13억 원

구분	토지	건물	합계
-장기보유특별공제(30% 가정)	3억 원	9,000만 원	3억 9,000만 원
-기본공제(0원 가정)			0원
=과세표준			9억 1,000만 원
×세율			42%
-누진공제			3,594만 원
=산출세액			3억 4,626만 원

Q3 토지 가액을 20억 원으로 해서 양도세를 계산하면 얼마나 나올까?

구분	토지	건물	합계
양도가액	20억 원	0억 원	20억 원
-취득가액(감가비 차감)	5억 원	2억 원	7억 원
=양도차익	15억 원	△2억 원	13억 원
-장기보유특별공제(30% 가정)	4억 5,000만 원	0원*	4억 5,000만 원
-기본공제(0원 가정)			0원
=과세표준			8억 5,000만 원
×세율			42%
-누진공제			3,594만 원
=산출세액			3억 2,106만 원

* 양도차손이 발생하면 이에 대해서는 장기보유특별공제가 적용되지 않는다.

▶ 이렇게 토지 가액을 20억 원으로 하면 장기보유특별공제액이 늘어나 기준시가로 나눈 것에 비해 양도세 부담이 다소 줄어들 것으로 보인다. 따라서 오래된 건물을 멸실 예정이라면 건물 가액을 최소화하는 방식으로 일 처리를 진행하면 좋을 것으로 보인다(단, 실무 적용 시에는 세무전문가와 상의하기 바란다).

개인이 상가건물을 임대 중에 철거하고 신축하는 경우의 세무 처리법

개인이 임대하고 있는 건물을 철거해서 신축하는 경우의 세무 처리법에 대해 알아보자.

구분	철거	완공	임대 및 양도
1. 소득세	• 철거비 : 당기 비용 • 멸실 건물 장부가 : 당기 손실	–	신축 후 임대 시 건물 취득 가액 : 신축공사비
2. 부가세	철거비 : 환급	신축공사비 : 환급	–
3. 취득세	–	• 세율 : 3.16% • 취득가액 : 철거비*+신 축공사비(또는 시가표준액)	–
4. 양도세	–	–	양도 시의 취득가액 • 구건물 철거비 : 관계없음. • 구건물 장부가 : 관계없음. • 신축공사비 : 취득가액에 해당함.

* 철거 비용 등은 취득세 과세표준에 포함되는 것이 원칙이다. 간접비용에 해당한다.

상가 필요경비 관련 양도세 절세법

상가 양도세를 신고할 때 발생하는 쟁점은 주택이나 토지처럼 많지가 않다. 비과세나 감면 같은 제도가 없어 이를 판단할 필요가 없기 때문이다. 다만, 양도가액이 크기 때문에 다운계약서 작성과 같은 편법이 등장할 수 있는데 이러한 점에 유의할 필요가 있다. 다음에서는 상가 양도세 절세법 등에 대해 알아보자.

1. 상가 양도 시 점검해야 할 주요 내용

상가를 양도할 때 발생하는 양도세는 다음과 같은 점을 고려해서 실무처리를 해야 한다.

양도가액	• 양도가액은 실제 거래가액을 기준으로 산정해야 한다.
	• 다운계약서를 작성하는 것은 금물이다.

▼

취득가액과 필요경비	• 오래된 상가는 취득가액을 환산할 수 있다.
	• 상속이나 증여받은 상가의 취득가액은 그 당시 신고한 가액이 된다. 만일 신고한 가액이 없다면 기준시가가 된다. 다만, 환산가액도 가능한 때가 있으므로 자세히 검토해야 한다.
	• 필요경비의 공제범위를 확인해야 한다.

▼

장기보유특별공제 및 세율 등	• 상가의 최대 장기보유특별공제율은 30%다.
	• 기본공제 250만 원은 받을 수 있다.
	• 세율은 50%, 40%, 6~45%가 적용된다.

※ 상가 취득비용에 대한 양도세 필요경비 해당 여부(요약)

지출항목	내용	양도세 필요경비 해당 여부
취득 관련 세금	취득가액의 4.6%(중과세율 9.4~13.4%)	○
부가세	건물 가액의 10%	× (불공제분은 해당)
채권할인비용	채권구입 후 이를 할인하면서 발생한 비용	○
법무사 비용	등기 관련 수수료	○
중개수수료	중개 관련 수수료	○
소개수수료	알선수수료	○
컨설팅 비용	경매 시 제3자의 컨설팅 비용	○
명도소송비용	낙찰 시 소유권 확보를 위한 소송비용	△*
이사지원비용	낙찰 시 임차인 등을 위한 이사비용 지원	△*
체납관리비 대납	낙찰 시 임차인 등이 체납한 관리비를 낙찰자가 대납	△*

* 소유권 확보 등과 직접 발생한 비용은 필요경비에 해당하나, 그렇지 않으면 필요경비에 해당하지 아니한다. 건별로 사실판단을 해야 한다.

◉ 참고로 양도세 계산 시 양도가액에서 차감되는 필요경비는 소득세의 필요경비와 무관함에 유의해야 한다. 예를 들어 취득 시 발생한 중개수수료는 취득가액에 포함되어 감가상각비로 처리되며, 이후 이를 양도 시에는 취득가액에서 감가상각 누계액을 차감한 금액을 양도가액에서 차감해 양도차익을 계산한다. 한편 양도 시에 발생하는 중개수수료는 소득세와 무관하며, 양도 시 양도가액에서 전액 차감된다.*

* 양도 시 중개수수료를 사업경비로 처리하고, 양도 시 필요경비로 처리하면 이중 공제가 된다.

2. 적용 사례 1

K 씨는 상가를 4억 원에 취득해서 최근 이를 양도했다.

ⓞ1 양도 시 필요경비로 인정받을 때 입증방법은?

필요경비는 입증서류에 근거해서 실제 지출된 사실이 확인되어야 한다. 이에는 계약서 및 영수증 등이 있으며, 영수증은 세금계산서(주민등록번호로 수령 가능), 정규영수증 또는 간이영수증, 무통장입금증, 현금영수증 등으로 공급자의 인적사항(사업자등록번호, 주민등록번호, 성명)과 공급 물품, 공급 일자, 가액 등이 명시되어야 한다.

ⓞ2 컨설팅 수수료도 인정되는가?

자산을 취득 및 양도하기 위해 직접 지출된 컨설팅 비용은 필요경비로 공제된다. 다만, 이에 해당하는지는 컨설팅계약서, 지급 증빙 등을 확인해서 관할 세무서장이 사실을 판단할 사항이다.

Q3 중개수수료는 무슨 증빙으로 입증해야 하는가?

영수증(세금계산서, 현금영수증, 신용카드영수증, 간이영수증 등) 등 지출근거로 입증하는 것이 원칙이다.

3. 적용 사례 2

K 씨는 상가를 매입한 후 일반과세로 임대사업자등록을 했다. 매입 후 리모델링으로 공사비 3,000만 원을 세금계산서를 발급받고 공사했다.

Q1 앞의 리모델링 공사비는 소득세 신고 시 경비로 공제 가능한가?

소득세는 수입에서 비용을 차감한 소득에 부과한다. 세법은 자본적 지출*에 해당하면 자산(자산으로 계상한 후 감가상각비로 비용처리), 수익적 지출*에 해당하면 당기 비용으로 처리하도록 하고 있다. 사례의 경우 상가의 리모델링 공사비는 자본적 지출에 해당한다고 볼 수 있다.

* 자본적 지출은 건물의 내용연수를 연장하거나 가치를 현실적으로 증가시키기 위해 지출한 비용을, 수익적 지출은 건물의 원상회복을 위한 개·보수 작업 등과 같이 당해 자산의 원상을 회복시키거나 능률을 유지하는 데 드는 비용을 말한다. 전자는 취득가액에 가산해 감가상각비로 비용처리를 하며, 후자는 당기의 비용으로 처리한다.

Q2 앞의 리모델링 공사비는 양도신고 시 양도가액에서 공제 가능한가?

그렇다. 사례의 경우 리모델링 공사비는 자본적 지출**에 해당하기 때문이다. 다만, 취득가액에서 감가상각 누계액을 차감한 금액을 양도가액에서 차감한다.

** 자본적 지출액은 취득가액에 가산된다.

03 앞의 리모델링 공사비를 소득세 신고와 양도세 신고 시 모두 공제받을 수 있는가?

그렇지 않다. 자본적 지출액은 취득가액에 가산되어 감가상각비로 소득세 계산 시 비용처리되는 한편, 양도세 신고 시 취득가액에서 감가상각 누계액이 차감되기 때문이다(이중 공제 방지).

상가 감가상각
의사결정

상가건물에 대한 감가상각비를 처리해서 소득세에 반영할 것인지, 아니면 양도세 신고 때 반영할 것인지에 대한 의사결정은 그렇게 어렵지 않다. 감가상각비를 임대소득에 반영해서 소득세를 줄이는 것이 유리한지, 아니면 양도세를 줄이는 것이 유리한지로 판단하면 되기 때문이다. 다음에서 사례를 통해 이에 대해 알아보자.

사례

K 씨는 다음과 같은 상가를 구입하고자 한다.

| 자료 |
• 총 취득가액 5억 원(건물 가액 3억 원), 부가세 별도

---

01 상가에 대한 감가상각 방법은?

상가건물에 대한 감가상각 연수는 보통 '40년±25%'를 기준으로 산

정한다. 따라서 30~50년 중에서 감가상각 연수를 선택할 수 있다. 한편 건물에 대한 감가상각 방법은 정액법(매년 균등하게 상각하는 방법)을 적용한다. 따라서 '감가상각 연수와 감가상각 방법'의 조합에 따라 감가상각비의 크기가 결정된다. 사례의 경우 30년, 정액법으로 상각한다고 하면 연간 1,000만 원(3억 원÷30년)이 상각비가 되므로 5년간 총 5,000만 원을 상각비로 처리할 수 있다.

※ 건물구조에 따른 감가상각 내용연수

구분	기준내용연수	내용연수*
철골구조	40년	30~50년
목재구조	20년	15~30년

* 이 기간 내에서 납세자가 임의로 선택할 수 있다.

02 감가상각비에 대한 절세효과는?

사례의 경우 임대소득에 반영된 감가상각비는 5,000만 원이므로 K씨에게 적용되는 세율에 따라 절세효과가 달라진다.

구분	6%	15%	⋯	42%	45%
감가상각비	5,000만 원	5,000만 원	⋯	5,000만 원	5,000만 원
1년간의 절세효과**	300만 원	750만 원	⋯	2,100만 원	2,250만 원
5년간의 절세효과	1,500만 원	3,750만 원	⋯	1억 500만 원	1억 1,250만 원

** 이 외 지방소득세가 10% 추가된다.

표를 보면 임대소득에 적용되는 세율이 커질수록 절세효과도 커지게 된다.

03 5년 후 상가를 양도할 때 양도세는 어떻게 나올까?

양도가액을 7억 원으로 하고 양도세를 계산하면 다음과 같다.

구분	감가상각하지 않은 경우	감가상각한 경우
양도가액	7억 원	7억 원
−취득가액	5억 원	4억 5,000만 원
=양도차익	2억 원	2억 5,000만 원
−장기보유특별공제(10%)	2,000만 원	2,500만 원
−기본공제(0원 가정)	0원	0원
=과세표준	1억 8,000만 원	2억 2,500만 원
×세율	38%	38%
−누진공제	1,994만 원	1,994만 원
=산출세액	4,846만 원	6,556만 원

표에서 감가상각한 경우의 양도세가 1,710만 원이 더 많다.

04 사례의 경우 감가상각비를 계상하는 것이 좋을까?

구분	감가상각하지 않은 경우		감가상각한 경우	
소득세율 적용	15%	45%	15%	45%
감가비에 대한 소득세 절세(①)	0원	0원	3,750만 원	1억 1,250만 원
양도세 발생(②)	4,846만 원	4,846만 원	6,556만 원	6,556만 원
현금 유출입(①-②)	△4,846만 원	△4,846만 원	△2,806만 원	4,694만 원

사례에서 두 경우 모두 감가상각비를 소득세 계산 시 포함하는 것이 좋은 것으로 나왔다. 물론 실무적용 시에는 상황에 따라 결과가 달라질 수 있음에 유의해야 한다.

절세 탐구 1 | 상가 양도 및 취득가액과 세무상 쟁점

상가 양도세는 양도가액과 취득가액에서 다양한 쟁점이 많이 발생한다. 다음에서 이에 대해 살펴보자.

1. 양도가액

먼저 양도가액과 관련된 세무상 쟁점에는 어떤 것들이 있는지 알아보자.

1) 양도가액을 낮추어 계약서를 작성하는 경우

다운계약서 작성은 세법상 심각한 문제를 야기한다. 이 행위로 인해 양도세 부담을 회피한 것이 발각되면 40%의 가산세가 부과되기 때문이다. 이 외에도 취득세의 3배 이내에서 과태료 제재를 받게 된다.

2) 기준시가보다 낮게 신고되는 경우

실제 거래가액이 기준시가보다 낮게 신고되는 경우에도 그 거래가 진실한 것이라면 문제가 없다. 단, 특수관계인 간에는 그렇지 않다.*

* 조세를 부당히 낮추면 시가로 과세한다.

3) 매수자가 부담하기로 한 양도세

매도자가 부담해야 할 양도세를 매수자가 부담하기로 하는 경우 이는 채무를 인수한 효과와 같으므로 양도자산의 대가에 포함한다.

◉ 이 외에도 상가를 일괄공급한 경우 양도가액과 취득가액의 안분이 필요하다. 이에 대해서는 앞에서 살펴보았다.

2. 취득가액

다음에서는 취득가액과 관련된 세무상 문제점을 정리해보자.

1) 실제 취득가액의 범위

실제 취득가액은 당해 자산의 취득에 든 실제 거래가액을 말한다. 이에는 당해 취득에 대한 대가뿐만 아니라 취득과 관련해서 발생한 부대비용까지 포함한다.

※ 위약금·명도비용

부동산매매계약 시의 해약으로 인해 지급하는 위약금 등은 양도차익 계산 시 필요경비로 공제하지 아니한다. 한편 법원경매로 취득해 세입자를 내보내는 과정에서 발생하는 명도비용은 취득 후의 지출에 해당하므로 이는 취득 관련 비용에 해당하지 않는다(재산 01254-2947, 1988. 10. 13).

2) 사업용(임대용)자산의 취득가액

사업용자산을 양도할 때 이에 대한 취득가액은 감가상각비를 공제한 잔액으로 한다. 그 결과 양도세 부담이 다소 증가할 수 있다.

🔦 돌발퀴즈

임대사업자 장부상의 금액을 양도 시의 취득가액으로 할 수 있을까?
아니다. 양도세는 이와 무관하게 매매계약서, 영수증 등 증빙서류에 의해 실제 취득가액을 입증해야 하기 때문이다. 따라서 양도 시에는 장부가액을 사용할 수 없다.

3) 취득가액이 의제되는 경우

다음의 경우에는 취득가액을 법에 따라 정해진 방법으로 평가해야 한다.

① 상속 또는 증여받은 자산

상속 또는 증여받은 자산은 상증법에 따른 상속·증여 당시의 평가액을 취득 당시 실제 거래가액으로 하고 있다. 상속·증여 당시의 평가액은 원칙적으로 시가를 말하나 매매사례가액, 감정평가액 등도 시가로 간주된다. 만일 시가가 확인되지 않으면 보충적인 평가액인 기준시가를 평가액으로 할 수밖에 없다.

② 배우자 등 이월과세

배우자(또는 직계존비속)로부터 증여받은 자산을 증여일로부터 10년(2022년 이전 증여분은 5년) 이내에 양도하는 경우 취득가액을 당초 증여자가 취득한 가액으로 한다. 이는 배우자 간 증여를 통해 세 부담을 회피하는 것을 방지하기 위한 제도에 해당한다.

4) 취득가액이 불분명한 경우

취득가액이 불분명한 경우에는 매매사례가액, 감정가액, 환산가액, 기준시가 순으로 취득가액을 계산한다.

① 매매사례가액

양도일 또는 취득일 전후 각 3개월 이내에 당해 자산과 같거나 유사한 자산의 매매사례가액이 있는 경우 그 가액을 취득가액으로 한다.

② 감정가액

양도일 또는 취득일 전후 각 3개월 이내에 당해 자산(주식 등은 제외)에 대해 1~2 이상의 감정평가법인이 평가한 금액의 평가액을 취득가액으로 하는 것을 말한다. 단, 여기서 감정평가는 양도일 또는 취득일 전후 각 3개월 이내인 것에 한한다.

③ 환산가액

이는 양도 당시의 실제 거래가액, 매매사례가액 또는 감정가액을 다음과 같은 방법으로 환산해 취득가액을 계산하는 것을 말한다.

- 양도 당시의 실제 거래가액 등 $\times \dfrac{\text{취득 당시의 기준시가}}{\text{양도 당시의 기준시가}}$

▶ **환산가액 적용 시 주의할 점**

납세의무자가 신고한 환산취득가액은 관할 세무서장이 인정하는 경우에만 사용할 수 있다. 따라서 관할 세무서에 신고된 금액이 있거나 조사에 의해 실제 거래 금액이 밝혀지면 실제 취득가액으로 경정되어 세금이 추징될 수 있다(조심 2011중 1053, 2011. 7. 25). 이때 신고불성실가산세와 납부지연가산세를 피할 수가 없게 된다. 이 외에 2018년 이후부터 환산가액이나 감정평가액으로 신고된 건물가격에 대해서는 5%의 가산세가 별도로 부과된다.

5) 적용 사례

K 씨는 20여 년 전에 취득한 상가를 양도하려고 한다.

ㅣ 자료 ㅣ

- 매매 예상가액 : 5억 원
- 취득계약서는 분실함.

---

01 취득계약서를 분실한 경우 취득가액은 어떻게 계산하는가?

실제 거래가액을 확인할 수 없는 경우에는 매매사례가액, 감정가액 또는 환산가액을 순차적으로 적용해서 산정한다.

02 취득가액을 환산하면 무조건 이를 인정하는가?

그렇지 않다. 환산취득가액으로 취득가액을 신고했더라도 관할 세무서에서 취득 당시의 실제 거래가액을 확인한 실제 거래가액에 의해 양도세가 경정될 수 있다. 따라서 실제 거래가액이 인정 또는 확인되지 않고 매매사례가액, 감정가액이 없는 때만 환산가액을 적용할 수 있다.

03 거래확인서 등의 형식으로 취득 시 매매계약서를 대신해서 양도세 신고를 할 수 있는가?

세법은 취득 당시의 실제 거래가액을 확인할 수 없는 경우에는 매매사례가액, 감정가액, 환산가액을 취득가액으로 하는 것으로서 거래 사실확인서에 인감증명서 등을 첨부해도 취득가액으로 인정하지 않는 것이 원칙이다. 이는 조작의 가능성이 있기 때문이다. 다만, 거래 사실확인서와 함께 자금 증빙 등이 있다면 이를 취득가액으로 인정받을 수 있을 것으로 보인다.

절세 탐구 2 　상가겸용주택의 양도와 세무상 쟁점

상가겸용주택은 상가와 주택이 결합된 주택이다. 이에 대한 세무상 쟁점을 거래단계별로 간략히 정리해보자.

1. 취득 시

- 주택을 제외한 상가(점포) 부분에 대해서는 부가세가 발생하는 것이 원칙이다. 다만, 이에 대해서는 포괄양수도계약을 맺어 생략할 수 있다.
- 상가에 대해서는 4.6~13.4%, 주택에 대해서는 1.1~13.4%까지 부과될 수 있다. 이때 안분기준은 시가표준액 비율을 사용한다.

2. 보유·임대 시

- 상가는 일반건축물로, 주택은 주택으로 구분해서 그에 맞는 재산세가 부과된다.
- 상가의 임대 부분에 대해서만 부가세가 발생한다. 이때 동일한 임차인에게 상가와 주택을 동시에 일괄 임대한 경우로서, 주택의 연면적이 상가면적보다 더 크면 전체를 주택임대로 보아 전체 임대료에 대해 면세를 적용한다.
- 상가 임대소득에 대해서는 그 금액의 크기와 관계없이 무조건 다른 소득에 합산해서 종합과세가 된다. 하지만 주택 임대소득은 비과세와 분리과세 그리고 종합과세의 형태로 과세된다.

3. 양도 시

1) 1세대 1주택 비과세의 경우

상가겸용주택만 보유한 경우 다음과 같이 1세대 1주택 양도세 비과세를 판단한다.

① 고가 상가겸용주택이 아닌 경우

저가의 상가겸용주택(12억 원 이하)을 양도하면 주택과 주택 외의 연면적을 비교해서 다음과 같이 비과세 여부를 판단한다.

연면적 구분*	주택 양도세	상가 양도세
주택 > 상가	전체를 주택으로 보아 비과세를 적용함.	상가 양도세는 없음.
주택 = 상가	주택부분만 비과세를 적용함.	상가는 양도세 과세함.
주택 < 상가		

* 옥탑방 등 부수적인 시설은 용도에 따라 구분하되, 용도가 불분명한 경우 표의 면적별로 안분한다.

② 고가의 상가겸용주택에 해당하는 경우

2022년 이후 양도분부터는 고가의 상가겸용주택(12억 원 초과)에 대해서는 위와 같이 구분하지 않고 주택은 주택, 상가는 상가로 본다. 따라서 이 경우 주택 부분은 1세대 1주택 비과세가 가능하며, 상가는 무조건 과세된다.

2) 그 외의 경우

상가겸용주택에 대한 양도세 비과세판단이 필요 없는 경우에는 상가는 상가, 주택은 주택으로 보아 과세방식을 결정한다.

상가겸용주택의 양도와 세무상 쟁점

① 상가를 주택으로 사용한 경우

이때는 실제로 주거용으로 사용했다는 사실을 입증할 수 있는 구체적이고 합리적인 증빙을 제출하면 된다. 이에는 다음과 같은 것들이 있다.

- 재산세과세대장 사본
- 전기요금, 가스요금(주거용) 납부확인서
- 주택용도 사용 사진
- 동네 주민의 확인서 등

② 상가겸용주택을 주택으로 용도 변경한 경우

상가겸용주택을 주택으로 용도 변경한 경우에 발생할 수 있는 쟁점들을 정리하면 다음과 같다.

- 용도변경일 이후에는 주택에 대한 세제가 적용된다.
- 용도변경 후 주택을 양도할 때 당초 취득 시부터 보유기간을 따져 일반공제율 (6~30%)을 적용한다. 다만, 1주택자는 소득세법 제95조 제5항에 따른 공제율*을 적용한다.

  * 보유기간 공제율(건물 보유기간별 공제율+주택 보유기간 공제율, 최대 40%)+주택 거주 기간 공제율(최대 40%)로 적용하는 것을 말한다.

③ 상가겸용주택을 상가로 용도 변경한 경우

상가겸용주택을 상가로 용도 변경한 경우에 발생할 수 있는 쟁점들을 정리하면 다음과 같다.

- 용도변경일 이후에는 상가에 대한 세제가 적용된다.
- 용도변경 후 상가를 양도할 때 당초 취득 시부터 보유기간을 따져 일반공제율 (6~30%)을 적용한다.

제 **8** 장

상가 상속 · 증여 시의
세무 처리법

상가 상속·증여와 세금

앞에서 살펴본 내용은 주로 시장을 통해 상가를 거래할 때 발생하는 세금들과 관련 있었다. 하지만 가족 간에 무상으로 이전하는 방식인 상속과 증여도 상당한 관심사가 되므로 이 부분도 같이 살펴볼 필요가 있다. 특히 상속이나 증여를 거친 부동산을 양도할 때 다양한 쟁점이 발생하므로 중개 시 이에 유의해야 한다.

1. 상가 상속·증여와 세금

상가 등 수익형 부동산을 상속이나 증여할 때 발생하는 세금을 정리하면 다음과 같다.

1) 상속

- 상속세가 발생한다.
- 취득세가 발생한다. 상속에 따른 취득세는 시가표준액(기준시가)을 기준으로 과세한다.

2) 일반증여

- 증여세가 발생한다.
- 취득세가 발생한다. 증여에 따른 취득세는 원칙적으로 시가 인정액*(시가 인정액이 없거나 시가표준액 1억 원 이하는 시가표준액)을 기준으로 과세한다.

  * 증여일 전 6개월~증여일 후 3개월 내의 매매사례가액이나 감정평가액 등을 말한다.

3) 부담부증여

부담부증여는 부채를 포함해서 증여하는 방법으로 증여자가 이전하는 부채는 양도에 해당하므로 증여자에게 양도세가, 이를 제외한 부분에 대해서는 수증자에게 증여세가 부과된다. 취득세는 양도는 유상취득세율, 증여는 무상취득세율이 적용된다.**

** 수증자의 경우 소득 증명이 되지 않으면 유상취득세 대신 무상취득세가 부과된다(지방세법 제7조 제2항).

2. 적용 사례

K 씨는 다음과 같은 상가를 보유하고 있다.

| 자료 |
- 상가에 대한 세법상의 가격 : 10억 원
- 상가에 대한 기준시가 : 토지 5억 원, 건물 3억 원

① 앞의 상가를 상속하면 발생하는 세금은?

상속세와 취득세가 동시에 발생한다. 상속세는 상속재산가액에서 사전에 증여한 재산가액을 합산한 후, 채무 등을 공제한 과세가액에서 상

속공제를 적용한 과세표준에 10~50%를 곱해서 계산한다. 여기서 상속공제는 다음과 같다.

- 사망한 자의 배우자가 살아 있는 경우 → 10억 원 이상 공제
- 사망한 자의 배우자가 없는 경우 → 5억 원 이상 공제

한편, 상속으로 인한 취득세는 시가표준액의 2.8%다.

02 이 상가를 증여하면 발생하는 세금은?

증여세와 취득세가 동시에 발생한다. 증여세는 증여재산가액에서 증여재산공제를 적용한 과세표준에 10~50%를 곱해 계산한다. 여기서 증여재산공제는 다음과 같다.

- 배우자로부터 증여받는 경우 → 10년간 6억 원
- 성년자가 직계존속으로 증여받는 경우 → 10년간 5,000만 원(미성년자는 2,000만 원) 공제*

    * 이 외 2024년 이후부터 혼인·출산 증여공제가 1억 원 한도로 적용되고 있다.

한편, 증여로 인한 취득세는 시가 인정액**의 3.5%다.

** 시가표준액이 1억 원 이하인 부동산은 시가표준액을 과세표준으로 할 수 있다.

상가 상속·증여에 따른
세무상 쟁점들

　상가와 관련된 상속과 증여에 대한 세무처리를 잘하기 위해서는 이에 대한 쟁점을 미리 정리해둘 필요가 있다. 다음에서 이에 관한 내용을 간략히 정리해보자. 기타 자세한 것은 저자의 《상속·증여 세무 가이드북》 등을 참조하기 바란다.

1. 상가 상속·증여와 세무상 쟁점

　상가 등 수익형 부동산을 상속이나 증여할 때 발생할 수 있는 세무상 쟁점들을 정리하면 다음과 같다.

　첫째, 상속·증여 재산평가법에 유의해야 한다.
　상가를 상속이나 증여할 때 원칙적으로 시가로 평가하되 시가가 없는 경우에는 기준시가와 임대보증금 환산가액, 담보된 채권 가액 중 큰 금액으로 한다. 이를 보충적 평가법이라고 한다.

- 원칙 : 시가(매매사례가액, 감정가액, 수용가액 등 포함)
- 예외 : Max[기준시가, 임대보증금 환산가액, 담보된 채권 가액]

◉ 그런데 상속세나 증여세를 보충적 평가법으로 신고하면 과세관청이 감정평가를 받은 금액 등으로 이들의 세금을 경정할 수 있는 제도가 시행되고 있다. 이에 대해서는 잠시 뒤에 설명한다.

둘째, 상가를 증여하면 부가세가 과세될 수 있다.

이는 재화의 공급으로 보기 때문이다. 다만, 부동산 임대업에 대한 권리와 의무가 포괄적으로 이전되는 포괄양수도에 해당하면 부가세를 생략할 수 있다.*

* 이에 대한 자세한 내용은 잠시 뒤에서 살펴보자.

셋째, 상속세나 증여세 모두 10년 합산과세제도를 적용하고 있다.

사전증여 후 10년(상속인 외는 5년) 이내에 상속이 발생하면 사전증여재산가액을 상속재산가액에 합산해서 상속세로 정산한다. 한편 동일인으로부터 증여를 여러 차례 받으면 역시 10년간 합산해 증여세를 정산한다. 이러한 합산과세제도는 10~50%의 누진세율 적용을 회피하는 것을 방지하기 위한 제도에 해당한다.

넷째, 증여에 대한 취득세 과세표준이 인상됐다.

2023년부터 증여에 대한 취득세 과세표준이 시가표준액에서 시가인정액(감정평가액 등)으로 인상됐다. 다만, 시가 인정액이 없거나 시가표준액이 1억 원 이하인 부동산은 시가표준액에 맞춰 취득세를 낸다. 이외 상속세는 금액과 무관하게 시가표준액을 과세표준으로 하고 있다.

다섯째, 상속·증여로 받은 상가 양도 시에는 양도세 과세방식에 유의해야 한다.

- 상속개시일로부터 6개월 이내에 양도하는 경우 → 양도세는 발생 하지 않으나 상속세가 증가할 수 있다.
- 증여일로부터 10년 이내에 양도하는 경우 → 증여받은 부동산에 대 해 양도세가 나오는 경우 이월과세*가 적용될 수 있다. 물론 양도 시 비과세를 받으면 이 제도가 적용되지 않는다(단, 고가주택은 적용).

  * 배우자나 직계존비속으로 증여받은 부동산을 10년 이내에 양도하면 취득가액을 당초 증여자의 것으로 해 양도세를 과세하는 제도를 말한다.

2. 적용 사례 1

K 씨는 다음과 같은 상가를 보유하고 있다.

| 자료 |

- 임대보증금 5억 원, 월세 2,000만 원
- 기준시가 20억 원
- 대출금 10억 원

---

01 이 상가의 상증법상 평가액은 얼마인가?

상가는 시가(매매가액, 감정가액, 수용가액 등 포함)가 없다면 보충적 평가방 법으로 평가를 하게 된다. 상가의 경우 보충적 평가법은 임대보증금 환 산가액과 담보채권액 그리고 기준시가 중 가장 큰 금액으로 평가하는 것 을 말한다. 따라서 사례에서는 다음과 같이 평가해야 할 것으로 보인다.

- Max = [임대보증금 환산가액,* 담보채권액, 기준시가] = [25억 원, 15억 원(=5억 원+10억 원), 20억 원] = 25억 원

  *임대보증금 5억 원+(2,000만 원×12개월)/12%=25억 원

⑫ 만일 K 씨가 기준시가나 임대보증금 환산가액 등으로 증여세를 신고하면 과세관청은 이를 그대로 인정할까?

그렇지 않다. 과세관청이 감정평가를 한 후 이 금액을 평가심의위원회에 심의를 요청해 위원회로부터 승인받은 금액으로 증여재산가액을 수정시킬 수 있는 권한이 있기 때문이다.

⑬ 이 상가는 증여하면 부가세가 부과되는가?

원래 상가를 증여하면 부가세법 시행령 제18조 제1항에 다른 재화의 공급에 해당하지 않으므로 부가세 과세의 여지가 없다. 하지만 세법은 건물의 증여도 재화의 공급으로 보아 부가세를 과세하는 원칙을 견지하고 있다. 다만, 사업을 포괄적으로 증여하면 재화의 공급에서 제외해 부가세를 과세하지 않는다.

◉ 이에 대해서는 쟁점이 발생하고 있으므로 뒤에서 별도로 살펴보자.

⑭ 증여 후 10년 이내에 증여자가 사망하면 사전증여재산가액은 상속재산가액에 합산되는가?

그렇다. 이때 다음의 기간에 따른 증여재산가액을 합산한다.

- 상속인 : 10년 내
- 상속인 외 : 5년 내

참고로 합산되는 증여재산가액은 '증여일 당시'의 평가액을 기준으로 한다.

⑤ 부담부증여를 한 후 증여자가 10년 이내에 사망하면 사전증여재산가액은 상속재산가액에 합산되는가?

부담부증여는 채무를 포함해서 증여하는 방식으로, 양도분에 해당하는 채무에 대해서는 합산과세가 적용되지 않으나 증여분에 대해서는 합산과세가 적용된다.

3. 적용 사례 2

K 씨의 재산 현황은 다음과 같다.

| 자료 |
- 3년 전에 5억 원 상당액의 상가를 배우자에게 증여함.
- 앞의 상가는 K 씨가 10년 전 1억 원에 구입한 것임.

① K 씨가 향후 7년 이내에 사망한 경우 앞의 사전증여재산가액은 상속재산가액에 합산되는가?

그렇다. 사전증여 후 10년(상속인 외는 5년) 이내에 상속이 발생하면 사전증여재산가액을 상속재산가액에 합산해서 상속세로 정산한다.

02 만일 K 씨의 배우자가 오늘 2억 원을 추가로 증여받으면 증여세는 어떻게 계산되는가?

동일인으로부터 증여를 여러 차례 받으면 역시 10년간 합산해 증여세를 정산한다. 사례의 경우에는 증여재산액이 7억 원이 되고, 여기에서 배우자 간 증여재산공제 6억 원을 차감하면 과세표준이 1억 원이 되며, 이에 10%의 세율을 곱하면 1,000만 원 정도의 증여세가 예상된다.

03 만일 앞의 상가를 배우자가 증여받은 후 10년 이내에 양도하면 어떤 제도가 적용될까?

이 경우에는 취득가액 이월과세가 적용된다. 이 제도는 양도세가 과세되는 상황에서 증여로 받은 부동산 등을 10년(2022년 이전 증여분은 5년) 이내에 양도하면 취득가액을 증여 당시의 가액(사례는 5억 원)이 아닌 증여자가 구입한 가액을 이월시켜 과세하는 제도를 말한다(사례는 1억 원).

상가에 재산평가법이
중요한 이유

상가의 상속이나 증여 시 가장 중요한 요소 중 하나는 이를 어떤 식으로 평가할 것인지의 여부다. 기준시가로 평가할 수만 있다면 이들의 세금이 크게 줄어들기 때문이다. 그런데 최근 정부는 상가 등 부동산에 대한 상속세나 증여세를 보충적 평가방법(기준시가 등)에 따라 신고한 경우 감정평가를 받아 이의 금액으로 상속세 등을 과세할 수 있는 제도를 도입했다. 따라서 앞으로 상가를 상속이나 증여할 때는 반드시 이 문제를 짚고 넘어가야 할 것으로 보인다.

1. 상가에 대한 상속·증여재산평가법 요약

1) 원칙적인 평가방법

원래 상속이나 증여에서 재산평가는 상증법 제60조~제66조 규정에 따라 상속개시일이나 증여일 현재의 시가로 하며, 시가가 없는 경우에 보충적 평가방법에 따라 평가한다.

2) 임대차계약이 있는 경우의 평가방법

평가 기준일 현재 상증법 제60조 제2항에 따른 시가가 없는 경우로서, 사실상 임대차계약이 체결되거나, 임차권이 등기된 부동산은 다음 중 큰 가액으로 평가한다.

- 평가액 = Max[①기준시가, ②임대보증금 환산가액*]

  * 임대보증금 환산가액 = (임대보증금) + (1년간 임대료 합계액 / 12%)

3) 저당권 등이 설정된 경우의 평가방법

담보채권액이 있는 경우에는 다음과 같이 평가한다.

- 평가액 = Max[① 기준시가, ② 임대보증금 환산가액, ③ 담보채권액**]

  ** 채권액은 평가 기준일 현재의 채권액을 말한다(참고예규 : 재산세과-461, 2009. 10. 14).

4) 평가심의위원회의 심의가액이 있는 경우

납세자가 보충적 평가법(기준시가 또는 임대료 환산가액)으로 상속세나 증여세를 신고한 경우, 상속세나 증여세 결정기한(9개월, 6개월) 내에 과세관청이 매매사례가액이나 감정평가액 등을 평가심의위원회에 심의를 부쳐 승인을 받으면 이 금액으로 상속세나 증여세를 부과할 수 있다.

2. 적용 사례

다음 자료를 통해 상속 또는 증여재산가액을 평가해보자.

| 자료 |

- 상가 : 임대료 연간 1.2억 원, 임대보증금 5억 원, 기준시가 10억 원

---

01 사례의 증여재산가액은 어떻게 파악하는가?

상가는 대부분 시가를 확인하기 힘들다. 그래서 그 대안으로 다음과 같이 가액을 파악한다.

- Max[연간임대료/12%+임대보증금, 기준시가] = Max[(1.2억 원/12%+5억 원), 10억 원] = 15억 원

02 만일 상가에 대해 Q1에서 결정한 15억 원으로 신고하면 과세관청은 감정평가로 경정할 수 있는가?

그렇다. 임대료 환산가액도 보충적 평가방법에 해당하기 때문이다. 참고로 이렇게 감정평가액으로 경정이 되더라도 가산세는 부과하지 않는다. 납세자가 잘못 신고한 것이 아니기 때문이다.

03 Q2와 같은 상황에서 납세자는 어떻게 대응해야 하는가?

미리 탁상감정을 받아 세금을 예측해본다. 그리고 자발적으로 감정평가를 받아 신고하든지 아니면 기준시가로 신고를 하더라도 미리 감정평가를 받아 향후 이를 근거로 과세가 될 수 있도록 준비한다.*

* 과세관청이 높게 감정평가를 받아 이를 가지고 경정하는 것에 대한 대비책에 해당한다. 기준시가가 10억 원 이하이면 감정평가를 1개만 받아도 된다.

> **Tip** 국세청의 감정평가사업
>
> 납세의무자가 상속세, 증여세 등을 기준시가로 신고한 경우, 국세청이 감정평가를 받은 금액으로 상속세 등을 추징할 수 있는 제도를 말한다. 시가와 기준시가의 차이가 10억 원(2025년 이후는 5억 원) 이상인 상가나 빌딩 등에 대해 이 제도가 적용되고 있다. 자세한 내용은 저자의 《가족 간 부동산 거래 세무 가이드북》 등을 참조하기 바란다.

상가 증여와 부가세

상가를 처분하면 부가세가 발생하는 것이 원칙이다. 그렇다면 상가를 증여하면 부가세가 발생할까? 이에 대해 과세관청은 이를 재화의 공급으로 보아 원칙적으로 증여세가 부과된다고 한다. 다음에서는 상가 증여 시 주의해야 할 부가세와 관련된 내용을 정리해보자.

1. 상가 증여에 대한 부가세 과세논리

상가를 증여하면 부동산 임대업이 포괄적으로 승계되느냐의 여부에 따라 부가세 과세 여부가 달라진다.

1) 포괄양수도에 해당하는 경우

부가세법 제10조에서는 사업을 포괄적으로 양도하면 이를 재화의 공급으로 보지 않는다. 따라서 이 경우에는 재화의 공급이 아니므로 부가세가 과세되지 않는다.

◉ 상가 증여의 경우 임대업이 포괄적으로 증여되면 이를 재화의 공급에서 제외한다. 따라서 이때는 부가세가 발생하지 않는다. 참고로 부담부 증여방식으로 임대업이 포괄적으로 승계되면 이 역시 사업의 양도에 해당하는 것으로 본다.

2) 포괄양수도에 해당하지 않는 경우

포괄양수도에 해당하지 않으면 재화의 공급에 해당하므로 부가세가 과세된다. 상가 임대업의 경우 다음과 같은 유형이 이에 해당한다.

• 상가 중 건물만 증여하는 경우
• 임대업 운영 중에 임차인인 자녀에게 증여하는 경우(다음 해석 참조) 등

※ 사전-2016-법령해석 부가-0145(2016. 4. 18)

부동산 임대업을 운영하는 사업자가 과세사업에 사용하던 부동산을 도·소매업을 운영하는 자녀에게 임대하다가 무상으로 증여하고 자녀는 해당 부동산에서 계속해서 도·소매업을 운영하는 경우 부가세가 과세되는 것이며, 시가를 과세표준으로 해서 세금계산서를 발급하는 것임.

◉ 상가의 전체 지분 중 일부만 증여한 경우에는 출자지분의 변경으로 보아 부가세 과세대상에서 제외한다. 다음 집행기준을 참조하기 바란다.

※ 부가세 집행기준 9-18···2(출자지분의 과세)

1. 출자자가 자기의 출자지분을 타인에게 양도·상속·증여하거나 법인 또는 공동사업자가 출자지분을 현금으로 반환하는 것은 재화의 공급에 해당하지 아니한다.
2. 법인 또는 공동사업자가 출자지분을 현물로 반환하는 것은 재화의 공급에 해당한다.
3. 공동사업자 구성원이 각각 독립적으로 사업을 운영하기 위해서 공동사업의 사업용 고정자산인 건축물을 분할등기하는 경우 해당 건축물의 이전은 재화의 공급으로 본다.

2. 적용 사례

K 씨는 보유하고 있는 상가를 증여하고자 한다. 물음에 답해보자.

01 이 상가는 증여하면 부가세가 과세되는가?

그렇다. 부가세가 과세되는 상가건물을 증여하는 것은 재화의 공급
으로 보아 부가세를 과세하는 것이 과세관청의 태도다.*

* 단, 저자는 건물의 증여는 부가세법 시행령 제18조 제1항에서 열거하고 있는 재화의 공급에 해당하지
  않으므로 부가세를 과세할 수 없다고 판단한다(다음 Tip 참조).

02 만일, 이 증여가 포괄양수도에 해당하면 세금계산서를 발급하지 않아
도 되는가?

그렇다. 그 사업에 관한 모든 권리와 의무를 포괄적으로 승계시켜 사
업의 양도에 해당하는 경우에는 세금계산서 발급의무가 없기 때문이
다. 다만, 권리와 의무를 포괄적으로 승계시켰는지는 사실을 판단할 사
항에 해당한다(부가, 서면 인터넷방문상담 3팀-3163, 2006. 12. 15).

03 K 씨는 토지와 건물의 지분 일부를 증여하려고 한다. 이 경우에도 포
괄양수도에 해당하는가?

지분 일부만 증여한 경우는 출자지분을 변경한 것으로 보아 부가세
를 과세하지 않는다.

04 K 씨는 토지를 제외하고 건물만 증여하려고 한다. 이 경우에도 포괄 양수도에 해당하는가?

건물만 증여하면 포괄증여도 아니고 지분증여도 아니므로 부가세 과세 여부가 쟁점이 된다. 다만, 이에 대해서는 논란이 있으므로 유권해석을 받아 실무처리를 해야 할 것으로 보인다.

Tip 상가의 증여와 부가세 과세 요약

구분	부가세 과세 여부	비고
건물과 토지 전체를 증여	×	포괄증여
건물과 토지의 지분을 증여	×	출자지분의 변경
토지만 증여	×	토지의 증여는 부가세 과세 대상이 아님.
건물만 증여	△*	

* 저자는 건물의 증여는 상속처럼 부가세법상 재화의 공급(다음 참조)에 해당하지 않으므로 부가세 과세 여부 자체를 거론한다는 것은 문제가 있다고 판단하고 있다.

※ 부가세법 시행령 제18조 재화 공급의 범위

재화의 공급은 다음 각호의 것으로 한다.
1. 현금판매, 외상판매, 할부판매, 장기할부판매, 조건부 및 기한부 판매, 위탁판매와 그 밖의 매매계약에 따라 재화를 인도하거나 양도하는 것
2. 재화의 인도 대가로서 다른 재화를 인도받거나 용역을 제공받는 교환계약에 따라 재화를 인도하거나 양도하는 것
3. 경매, 수용, 현물출자와 그 밖의 계약상 또는 법률상의 원인에 따라 재화를 인도하거나 양도하는 것 등

사전증여와 합산과세

상속과 증여는 무상으로 재산을 이전시킬 수 있는 수단에 해당한다. 다만, 상속은 사후에, 증여는 생전에 재산이 이전된다는 점에서 차이가 날 뿐이다. 그런데 과중한 상속세 부담을 줄이기 위해 증여를 선택하곤 하는데, 사전증여에도 불구하고 상속세가 생각보다 줄어들지 않는 경우들도 많다. 10년 누적합산과세제도가 있기 때문이다. 다음에서 이에 대해 알아보자.

1. 상속 10년 누적합산과세제도의 개관

현행의 상속세 세율은 10~50%다. 이러한 누진세율로 인해 살아생전에 미리 재산의 규모를 점점 축소해나가는 경우가 많다. 이에 세법은 사전증여로 세 부담을 회피하는 것을 방지하기 위한 장치들을 두고 있는데, 그중 대표적인 것이 바로 10년 누적합산과세제도다. 이는 상속이 발생하면 상속개시일로부터 10년(5년) 이전에 증여한 재산가액을 상속재산가액에 합산해 상속세로 정산하도록 하는 제도를 말한다.

1) 사전증여가액의 합산 기간

상속인의 경우 10년, 상속인 외의 자는 5년간이다. 일반적으로 상속인은 자녀와 배우자, 상속인 외의 자는 손·자녀나 친족, 법인 등이 해당한다.

※ 상증세 집행기준 13-0-2 [사전증여재산가액]

상속세 과세가액에 합산하는 사전증여재산가액은 다음과 같다.

피상속인	증여를 받은 자	사전증여재산가액
거주자	상속인	상속개시일 전 10년 이내 증여한 국내·외 재산가액
	상속인이 아닌 자	상속개시일 전 5년 이내 증여한 국내·외 재산가액
비거주자	상속인	상속개시일 전 10년 이내 증여한 국내 소재 재산가액
	상속인이 아닌 자	상속개시일 전 5년 이내 증여한 국내 소재 재산가액

2) 합산하는 사전증여가액

증여일 당시의 증여재산가액을 합산한다. 따라서 증여일 이후의 가격변동분은 상속재산가액에 합산되지 않는다.

3) 증여세 이중과세 조정

사전증여를 통해 발생한 증여세 산출세액은 상속세 산출세액에서 차감되는 것이 원칙이다. 이중과세를 방지하기 위해서다.

4) 사전증여에 대한 신고가 누락된 경우의 과세방법

사전증여에 대한 증여세 신고가 누락된 경우 증여세와 가산세가 별도로 부과된다. 이후 상속세를 정산할 때 상속세 산출세액에서 증여세 산출세액을 차감하는 방식으로 이중과세를 조정한다(상증세 집행기준 13-0-8).

2. 적용 사례

사례를 통해 앞의 내용을 정리해보자.

| 자료 |
- 부동산 증여 : 20×7년 당시 시가 5억 원(20×4년 시가 10억 원)
- 앞의 부동산은 자녀가 사전에 증여받았음.
- 20×4년 상속 발생
- 상속 당시 총재산가액 : 20억 원(사전증여한 재산가액 제외)

01 총 상속재산가액은 얼마인가?

총 상속재산가액은 상속개시일 현재의 상속재산가액과 사전에 증여한 재산가액 등을 합한 금액으로 한다. 따라서 사례의 경우 20억 원과 5억 원을 합한 25억 원이 된다.

02 상속재산가액에 합산하는 사전증여재산가액을 상속 당시의 시가로 하지 않는 이유는?

사전증여 시점에 과세표준이 확정됐기 때문이다. 따라서 사례처럼 사전에 증여한 재산가액이 그 이후에 증가했지만, 증여 당시의 가액 5억 원을 상속재산가액에 합산하게 된다.

03 사전에 증여한 재산은 유류분 대상인가?

원칙적으로 사전에 증여한 재산은 유류분* 적용대상에 해당한다.

* 유류분은 유족들이 최소한 받을 수 있는 상속재산가액을 말한다. 일반적으로 법정 상속지분이 절반이 된다. 구체적인 내용은 법률전문가로부터 확인하기 바란다.

상속순위, 대습상속 등

민법 제1000조와 제1001조, 제1003조에서는 다음과 같이 상속순위 등을 정하고 있다.

제1000조(상속의 순위)

① 상속에 있어서는 다음 순위로 상속인이 된다.

    1. 피상속인의 직계비속

    2. 피상속인의 직계존속

    3. 피상속인의 형제자매

    4. 피상속인의 4촌 이내의 방계혈족

② 전항의 경우에 동순위의 상속인이 수인인 때는 최근친을 선순위로 하고 동친 등의 상속인이 수인인 때는 공동상속인이 된다.

③ 태아는 상속순위에 대해는 이미 출생한 것으로 본다.

제1001조(대습상속)

전조 제1항 제1호와 제3호의 규정에 의해 상속인이 될 직계비속 또는 형제자매가 상속개시 전에 사망하거나 결격자가 된 경우에 그 직계비속이 있는 때는 그 직계비속이 사망하거나 결격된 자의 순위에 갈음해 상속인이 된다.

제1003조(배우자의 상속순위)

① 피상속인의 배우자는 제1000조 제1항 제1호와 제2호의 규정에 의한 상속인이 있는 경우에는 그 상속인과 동순위로 공동상속인이 되고 그 상속인이 없는 때는 단독상속인이 된다.

상속이나 증여받은 재산을 양도하면 양도세가 부과된다. 그런데 상속이나 증여 등을 통해 취득한 자산의 양도세 과세방식은 일반취득과 다르다. 어떤 점이 다른지 이를 정리해보자.

첫째, 과세되는 경우부터 먼저 살펴보자.

상속이나 증여의 경우 양도가액은 문제가 없으나 취득가액이 문제다. 이들 재산은 대개 기준시가로 평가되기 일쑤이기 때문이다. 이렇게 되면 양도가액은 실거래가, 취득가액은 기준시가로 되어있어 많은 양도차익이 나올 수 있다. 이 외 장기보유특별공제는 일반취득처럼 취득일부터 양도일까지의 기간에 따라 이를 적용한다. 여기서 취득일이란 유상매매의 경우에는 일반적으로 잔금청산일을 말하며, 상속은 상속개시일, 증여는 증여일을 말한다.

한편, 세율을 적용할 때는 상속의 경우에는 피상속인의 취득일로부터 기산하고, 증여는 증여일로부터 기산한다. 따라서 상속의 경우가 세율을 적용할 때 훨씬 유리하다. 예를 들어 2010년에 피상속인이 취득한 부동산을 2024년에 상속받아 2025년에 양도하는 경우 2010년부터 보유한 것으로 보아 6~45%의 기본세율을 적용한다.

둘째, 취득가액 이월과세 문제를 살펴보자.

취득가액 이월과세제도는 증여받은 재산을 10년(2022년 이전 증여분은 5년)이 안 돼서 처분하는 경우, 취득가액을 당초 증여자가 취득한 가액으로 해서 양도세를 계산하는 제도를 말한다. 증여를 통해 취득가액을 올린 후 양도세를 줄이려는 행위를 방지하기 위해서다. 그런데 이러한 제도는 상속에서는 없다. 상속은 부득이하게 발생하므로 조세회피와는 관계가 없기 때문이다.

셋째, 비과세를 받는 경우를 보자.

상속의 경우에는 주택에 대해 폭넓게 비과세가 적용되지만, 증여는 특수한 상황에서만 비과세를 받을 수 있다. 이를 정리하면 다음과 같다.

구분	비과세를 받을 수 있는 경우
상속	• 무주택자가 1주택을 상속받은 경우 • 1세대 1주택자가 1주택을 상속받은 경우
증여	1주택 보유 중 동일 세대원에게 증여한 경우

상속의 경우 무주택자가 상속을 받은 경우로서 피상속인과 상속인이 동일 세대원이라면 피상속인의 보유기간 등을 통산한다. 예를 들어 父 (부)의 소유로 되어있는 주택을 母(모)가 상속받으면 부가 취득한 날로 부터 보유기간 등을 따져 비과세한다는 것이다. 만일 동일 세대원이 아 닌 경우에는 상속을 받은 날로부터 2년 이상 보유 등을 해야 한다. 이 외에 1세대 1주택자가 1주택을 상속받으면 상속주택이 아닌 일반주택 을 언제라도 먼저 양도하면 비과세를 적용한다. 그런데 증여의 경우에 는 1주택을 보유 중에 동일 세대원에게 증여하면 증여 전과 증여 후의 기간을 통산해서 비과세 요건을 따지게 된다. 이 외에는 일반취득과 같 은 방법으로 비과세 요건을 따져야 한다.

※ 일반취득 자산과 상속·증여로 취득한 자산의 양도세 과세방식의 비교

구분		일반취득 자산	상속·증여 자산
과세	양도가액	실제 거래가액	좌동
	취득가액	실제 거래가액(환산가액 가능)	신고 당시의 평가액(시가 → 기준시가, 1985. 1. 1 이전분은 환산가액 가능)
	기타필요경비	실제 경비	실제 경비
	장기보유특별공제	취득일~양도일	상속·증여일~양도일

구분		일반취득 자산	상속·증여 자산
과세	세율 적용	취득일~양도일	• 상속 : 피상속인의 취득일~양도일 • 증여 : 증여일~양도일
	취득가액 이월과세	–	증여 : 10년 내 양도 시 적용
비과세		취득일부터 2년 보유 등	• 상속 : 다양하게 적용 • 증여 : 일부 적용
감면		8년 자경농지 등	• 상속 : 피상속인의 자경 기간 합산 • 증여 : 증여자의 자경 기간 합산하지 않음.

※ 상속부동산에 대한 양도세 계산 시 취득가액을 올리는 방법

① 상속개시일로부터 6개월 이내에 상속부동산을 양도하는 방법

이처럼 6개월 이내에 양도하면 해당 금액이 상속재산가액이 되는 동시에 양도 시 취득가액이 된다. 이렇게 되면 양도세는 발생하지 않는다. 다만, 이렇게 양도하면 상속재산가액이 증가할 수 있으므로 양도세와의 관계를 잘 고려할 필요가 있다.

② 상속개시일로부터 6개월 후에 상속부동산을 양도하는 방법

이때는 감정평가를 받아 이를 통해 상속세를 신고해둘 수 있다. 물론 상속세를 신고하지 않는 경우라도 평가기간 내에 평가한 감정평가액은 유효하다. 참고로 해당 부동산의 기준시가가 10억 원 이하는 1개, 초과는 2개 이상의 감정평가액이 필요하다.

제 **9** 장

법인으로 상가 운영 시의
세무 처리법

개인과 법인의
상가 세금 비교

    지금까지 살펴본 상가 임대업 관련 세제들은 모두 개인과 관련된 것들이다. 그런데 이러한 상가 임대업은 개인이 아닌 법인으로도 운영할 수 있다. 물론 법인이 운영하면 세제의 내용이 바뀐다. 그래서 법인으로 임대사업을 할 때는 세제의 변화부터 살펴보아야 한다.

1. 개인과 법인의 상가 세금 비교

상가에 대한 세금을 개인과 법인으로 구분해서 살펴보면 다음과 같다.

구분	개인	법인

취득 시	• 일반과세 : 4.6%
	• 중과세 :
	  – 고급오락장 : 13.4%
	  – 기타 : 중과세 없음.
		• 일반과세 : 개인과 동일
		• 중과세 :
		  – 고급오락장 : 개인과 동일
		  – 과밀지역 내 상가 : 9.4%

	취득세 과세표준 : 실제 취득가액	좌동(단, 법인은 중개수수료와 건설자금 이자 등을 포함)

구분	개인	법인
▼		
보유·임대 시	• 재산세 : 일반과세 • 종부세 : 공시지가 80억 원 초과 시 • 소득세 : 6~45%	• 재산세 : 개인과 동일 • 종부세 : 개인과 동일 • 소득세 : 법인세로 과세 9~24%*
	성실신고 : 임대수입 5억 원 이상	성실신고 : 상시근로자 수가 5인 미만
▼		
양도 시	• 양도세 : 보유기간에 따른 세율 적용 (50%, 40%, 6~45%)	법인세로 과세 : 9~24%*적용
▼		
상속·증여 시	• 상속세 : 10~50%를 적용 • 증여세 : 10~50%를 적용	법인세로 과세

* 소규모 임대법인 등은 19~24%(2025년 기준)

2. 적용 사례

사례를 통해 앞의 내용을 확인해보자.

| 자료 |
• 개인의 임대소득 금액(수입-비용)이 연간 5억 원 정도 발생함.
• 기타 사항은 무시하기로 함.

Q1 개인 소득세는 얼마나 예상되는가?

5억 원에 해당하는 세율은 40%이고 누진공제액은 2,594만 원이므로 1억 7,406만 원이 된다.

02 만일 법인이 법인세를 내면 얼마나 되는가? 9~24%와 19~24%로 비교해보자.

구분	일반법인세	소규모 성실신고법인 법인세
소득금액	5억 원	5억 원
×법인세율	19%	19%
−누진공제	2,000만 원	0원
=산출세액	7,500만 원	9,500만 원

03 소득세와 법인세 차이는 얼마나 나는가?

일반법인세의 경우 1억 원 정도, 소규모 법인의 경우 8,000만 원 정도의 차이가 발생한다.

임대법인의 장단점

임대업에서 발생하는 이익이 커질수록 소득세가 늘어나는 것이 일반적이다. 이에 따라 법인을 생각하는 경우가 많다. 하지만 세상일이 그렇게 간단한 것만은 아니다. 법인으로 이를 운영하는 과정에서 건너야 할 강이 있기 때문이다. 다음에서 임대법인의 장단점을 조금 더 정확히 알아보자.

1. 임대법인의 장단점

1) 임대법인의 장점

- 저렴한 법인세 효과를 얻을 수 있다.
- 비용처리를 폭넓게 할 수 있다.
- 소득조절을 통해 건강보험료 등을 조절할 수 있다.
- 법인으로 재산을 관리할 수 있다.
- 개인의 상속이나 증여의 수단으로 법인을 선택할 수 있다.*

   * 영리법인을 활용한 상속과 증여에 대해서는 저자의 《가족 간 상속·증여 영리법인으로 하라!》를 참조하기 바란다.

2) 임대법인의 단점

- 과밀억제권역 내에서 법인이 취득 시 취득세 중과세의 문제가 있다.
- 소규모 성실신고확인 대상 법인(소규모 임대법인 등)에 대해서는 성실 신고확인제도가 계속 적용된다.
- 소규모 임대법인 등은 경비처리 시 제한을 받는다(다음 참조).
- 자산규모가 큰 경우에는 회계감사를 받아야 할 수 있다.

◉ 앞의 소규모 임대법인 등은 다음의 요건을 모두 갖춘 법인을 말한다.

① 지배주주 등 지분율 50% 초과
② 부동산 임대업이 주된 사업이거나 부동산 임대·이자·배당소득*이 매출액의 50% 이상
③ 상시근로자 수가 5인 미만

* 소규모 임대법인 등에는 이자 수입만 있는 경우에도 포함된다. 주의하기 바란다.

※ 개인과 소규모 임대법인 등에 대한 비용처리 등 비교(2025년 기준)

구분	개인	법인
접대비 기본한도	1,200만 원	600만 원
운행일지 미작성 시 차량운행비용 인정 한도	1,500만 원	500만 원
적용 세율	6~45%	19~24%

2. 적용 사례

사례를 통해 앞의 내용을 확인해보자.

01 회계상 당기순이익은 5억 원인데 이 금액이 세법상 과세소득과 일치하면 법인세 예상액은? 단, 일반법인세율을 적용한다.

5억 원에 19%를 곱하고 누진공제 2,000만 원을 적용하면 7,500만 원의 법인세가 도출된다.

02 만일 대표이사의 급여를 5,000만 원 추가했다고 하자. 이 경우 세금 효과는 어떻게 되는가?

급여를 추가하면 이에 대한 근로소득세와 4대 보험료 등이 유출된다. 다만, 해당 금액은 법인의 비용으로 인정되므로 이와 관련해서 발생한 비용에 19%를 곱한 만큼의 세금 절감액이 발생한다.

03 이 법인은 소규모 성실신고확인대상 법인이 되는가?

그렇다. 주업이 임대업이고 지분도 가족들이 가지고 있으며 상시근로자 수도 5인에 미달하므로 전형적인 소규모 임대법인 등에 해당한다. 이러한 법인의 과세 내용은 다음에서 별도로 알아본다.

소규모 임대법인 등에 대한
세법상의 불이익

법인세법에서는 소규모 성실신고확인대상 법인(소규모 임대법인 등)에 대해 다양한 규제를 하고 있다. 이들 법인의 매출 성격이 임대나 이자 소득 등으로 구성되어 세법상 불이익을 주고자 하는 취지가 있다. 최근, 이 법인에 대한 규제가 점점 강화되고 있으므로 이에 대해 주의해야 할 것으로 보인다.

1. 소규모 임대법인 등에 대한 불이익

1) 성실신고확인제도 적용

이러한 법인에 대해서는 매년 성실신고확인제도가 적용된다.

2) 접대비와 업무용 승용차 비용 한도 축소

이러한 법인에 대해서는 다음과 같이 비용 한도규제를 적용한다.

① 접대비 한도 축소

일반법인의 경우 접대비 기본한도가 연간 3,600만 원이나, 이 법인에 해당하면 이 기본한도가 1/2로 축소된다. 따라서 이를 기준으로 하면 1,800만 원이 된다(만약 중소기업 업종에서 제외되면 기본한도가 1,200만 원이 되며 이를 기준으로 1/2이 축소된다. 따라서 이 경우에는 600만 원이 한도가 된다).

② 업무용 승용차 비용 한도 축소

- 업무용 승용차에 대해 운행기록을 하지 않을 때 적용되는 비용 한도가 500만 원이 된다. 일반법인의 1,500만 원과 비교하면 1/3 수준이다.
- 일반법인의 차량에 대한 감가상각비나 처분손실 등은 800만 원이 각각 한도에 해당하나, 이 법인은 각각 400만 원을 적용한다.

3) 중소기업에서 제외

2025년 이후부터 개인 부동산 임대업과 소규모 성실신고확인대상 법인의 업종은 중소기업 업종에서 제외한다. 이렇게 중소기업 업종에서 제외되면 다음과 같은 불이익이 추가된다.

- 접대비 기본한도 축소 → 연간 3,600만 원에서 1,200만 원*으로 축소

  * 소규모 임대법인 등은 1,200만 원의 1/2이 기본한도가 된다.
- 통합투자세액공제 → 중소기업 특례세율 미적용
- 통합고용세액공제 → 중소기업 특례공제액 미적용 등

4) 법인세율 인상

소규모 임대법인 등에 대해서는 2025년부터 법인세율이 인상된다.

이 안은 2024년 12월 10일에 국회를 통과했다.

과세표준	세율
2억 원 이하	9%
2억 원 초과 200억 원 이하	19%
200억 원 초과 3,000억 원 이하	21%
3,000억 원 초과	24%

과세표준	세율
200억 원 이하	19%
200억 원 초과 3,000억 원 이하	21%
3,000억 원 초과	24%

2. 적용 사례

사례를 통해 앞의 내용을 확인해보자.

ㅣ자료ㅣ

• K 법인은 주업인 임대업을 운영하고 있음.
• 20×3년 말 상시근로자 수가 4명이었으며, 20×4년 7월에 1명을 추가해서 20×4년 말에 5명을 유지하고 있음.

Q1 소규모 임대법인 등에 대해서는 어떤 불이익이 주어지는가?

성실신고확인은 물론이고 접대비와 차량운행비 한도 제한을 받는다. 이 외 중소기업 업종제외, 법인세율 인상 등의 불이익도 예상된다.

Q2 이 경우 상시근로자 수가 5명인데 그래도 소규모 임대법인 등에 해당하는가?

그렇다. 중도에 입사한 경우에는 근무 월수로 환산해서 이를 계산하기 때문이다. 즉, 사례의 경우 다음과 같이 계산한다. 다음의 팁을 참조하기 바란다.

- 20×3년 말 인원 4명+20×4년 중 증가 인원 1명×(6개월/12개월) = 4.5명

03 상시근로자 수에는 가족도 포함하는가?

아니다. 가족과 임원 등은 포함하지 않는다.

 상시근로자 수 산정방법

① 상시근로자는 근로계약을 체결한 내국인 근로자로 한다. 다만, 다음 각호의 어느 하나에 해당하는 근로자는 제외한다.
  1. 해당 법인의 최대 주주 또는 최대출자자와 그와 친족 관계인 근로자
  2. 근로소득세를 원천징수한 사실이 확인되지 아니하는 근로자
  3. 근로계약 기간이 1년 미만인 근로자. 다만, 근로계약의 연속된 갱신으로 인해 그 근로계약의 총 기간이 1년 이상인 근로자는 제외한다.
  4. 근로기준법 제2조 제1항 제8호에 따른 단시간 근로자
② 상시근로자 수의 계산방법은 조특령 제26조의 4 제3항을 준용한다. 이는 다음과 같이 적용하는 방법을 말한다. 이때 100분의 1 미만의 부분은 없는 것으로 한다.

$$\frac{해당 과세연도의 매월 말 현재 상시근로자 수의 합}{해당 과세연도의 개월 수}$$

부동산 임대업의 법인으로의
전환 타당성 분석

개인이 부동산 임대업을 운영 중에 법인전환을 생각할 수 있다. 그런데 최근 이에 대한 세제가 변동되어 주의를 요한다. 정부에서 이에 대한 세제를 강화했기 때문이다. 예를 들어 부동산 임대업종의 경우 양도세 이월과세는 가능하지만, 취득세 감면은 불허한다. 다음에서 부동산 임대업을 법인전환하는 것이 타당한지에 대해 알아보자.

1. 부동산 임대업에 대한 이월과세 및 취득세 감면

1) 양도세 이월과세

부동산 임대업을 법인 전환하면 국세인 양도세는 이월과세*를 적용한다. 하지만 주택임대업의 경우에는 이를 적용하지 않는다. 정부의 대책에 따라 주택을 이월과세 대상에서 제외했기 때문이다. 다만, 이 규정은 2020년 8월 12일 이후 법인전환분부터 적용되고 있다.

* 법인전환 후 해당 법인이 양도할 때 양도세를 이월해서 납부하는 제도를 말한다.

2) 취득세 감면

부동산 임대업과 공급업에 대해 2020년 8월 12일 이후 법인전환분부터 취득세 감면*이 적용되지 않는다.

* 부동산 임대업이나 매매업 등을 제외한 사업용 부동산의 경우 75%(2025년 이후는 50%) 감면을 받을 수 있다.

▶ 법인전환을 할 때 취득세 감면이 중요한데 부동산 임대업은 이러한 혜택이 없으므로 법인전환을 하기가 어렵게 된다.

2. 적용 사례

사례를 통해 앞의 내용을 확인해보자. K 씨는 부동산 임대업을 운영 중이다.

> | 자료 |
> • 장부상의 가액 : 토지 5억 원, 건물 10억 원
> • 감가상각비 : 1억 원(15년 보유)
> • 감정평가액 : 토지 20억 원, 건물 5억 원

01 부동산 임대업을 법인 전환하면 양도세 이월과세가 가능한가?

사업용 고정자산에 대해서는 이월과세를 적용받을 수 있다. 다만, 해당 사업용 고정자산이 주택 또는 주택을 취득할 수 있는 권리인 경우는 제외한다(조특법 제32조 제1항). 참고로 다음과 같은 소비성 서비스업도 이월과세가 적용되지 않는다.

① 호텔업 및 여관업(관광진흥법에 따른 관광숙박업은 제외한다)

② 주점업(일반유흥주점업, 무도유흥주점업 및 식품위생법 시행령 제21조에 따른 단란주점 영업만 해당하되, 관광진흥법에 따른 외국인 전용 유흥음식점업 및 관광 유흥음식점업은 제외한다)

③ 기타 다음에 해당하는 업종

- 무도장 운영업
- 기타 사행시설 관리 및 운영업(관광진흥법 제5조 또는 폐광지역 개발 지원에 대한 특별법 제11조에 따라 허가를 받은 카지노업은 제외한다)
- 유사 의료업 중 안마를 시술하는 업
- 마사지업

02 부동산 임대업을 법인 전환하면 취득세 감면은 가능한가?

아니다. 지특법 제57조의 2 제4항에서 한국표준산업분류표에 따른 부동산 임대 및 공급업에 대해서는 감면에서 제외하도록 하고 있기 때문이다.

◉ 상가 등 일반부동산 임대업의 경우 양도세 이월과세는 가능하나 취득세 감면은 받을 수 없다.

03 법인전환을 하면 양도세는 얼마인가?

구분	토지	건물	계
양도가액	20억 원	5억 원	25억 원
−취득가액	5억 원	9억 원*	14억 원
=양도차익	15억 원	△4억 원	11억 원
−장기보유특별공제	4.5억 원	0원	4.5억 원
=양도소득 금액 (과세표준 가정)	10.5억 원	△4억 원	6.5억 원

구분	토지	건물	계
×세율			42%
-누진공제			3,594만 원
=산출세액			2억 3,706만 원
지방소득세 포함 시 총세액			2억 6,076만 원

* 취득가액에서 감가상각비를 차감한 금액을 말한다(10억 원 - 1억 원 = 9억 원).

04 법인전환을 하면 취득세는 얼마인가? 단, 취득세율은 4.6%를 적용한다.

25억 원에 4.6%를 적용하면 1억 1,500만 원이 된다.

05 이 경우 법인전환의 실익이 있는가?

일단 기본적으로 취득세를 1억 1,500만 원 정도 내야 하므로 주저할 가능성이 크다. 이 부분이 현실적인 걸림돌이 될 수 있다. 한편, 저렴한 법인세율의 효과는 누릴 수 있으나, 소규모 임대법인 등에 해당하면 접대비나 차량비 같은 비용규제를 받게 된다. 이에 대한 자세한 내용은 앞의 본문에서 충분히 살펴보았다.

▶ 참고로 법인전환을 한 경우로서 상속이 발생한 경우, 해당 부동산은 감정평가를 받은 후 주식을 평가해야 한다. 이 경우 시가로 과세되는 불이익이 있을 수 있다. 결국, 부동산 임대업의 법인전환은 신중하게 결정할 수밖에 없다.

상가를 누가 양도하느냐에 따라 세금 관계가 달라지는데 이를 요약하면 다음과 같다. 자세한 내용은 저자의 《확 바뀐 부동산 매매사업자 세무 가이드북》 등을 참조하기 바란다.

1. 양도소득

개인이 부동산을 양도하면 양도세가 발생한다. 양도세는 양도가액에서 취득가액과 취득세 등 필요경비를 차감한 양도차익에서 장기보유특별공제(6~30% 등)와 기본공제를 적용한 과세표준에 양도세율*을 적용해서 산출세액을 계산한다.

* 상가양도세율은 보유기간이 1년 미만이면 50%, 1~2년 미만이면 40%, 2년 이상이면 6~45%가 적용된다.

2. 사업소득

사업자가 상가를 자주 사고팔면 사업소득에 해당하며 이에 대해서는 소득세가 발생한다. 사업소득은 수입에서 비용**을 차감해서 이익을 계산하고 여기에 소득공제를 적용한 과세표준에 6~45%의 단일세율을 적용한다.

** 상가의 취득가액과 취득세 등은 물론이고 이자비용이나 식대 등 일반관리비가 포함된다.

◉ 상가를 자주 사고팔면 매매업으로 보아 양도소득이 아닌 사업소득으로 처리하는 것이 절세하는 핵심이 된다.

3. 법인소득

법인이 상가를 양도하면 횟수와 관계없이 모두 법인세가 과세된다. 법인소득도 앞의 사업소득처럼 계산하며 세율은 9~24% 단일세율이 적용된다.

◉ 상가매매업을 개인사업자로 할 것인지, 법인으로 할 것인지의 의사결정은 저자의 책이나 카페에서 알아봐도 된다.

부동산을 과다하게 보유한 법인(임대법인)은 세무상 규제가 많다. 어떤 제도들이 작동되고 있는지 나열해보면 다음과 같다.

1. 취득세

- 주식의 50%를 초과한 과점주주가 주식을 추가로 취득하면 취득세를 추가로 납부해야 한다(단, 설립 시와 특수관계인으로부터 취득 시는 제외).
- 법인이 과밀억제권역 내에서 부동산을 취득하면 중과세를 적용하는 것이 원칙이다.
- 법인이 지역을 불문하고 주택을 취득하면 12%로 중과세하는 것이 원칙이다(시가표준액 1억 원 이하 등은 중과 제외).

2. 보유세

- 재산세 : 특별한 규제가 없다.
- 종부세 : 법인이 보유한 주택에 대해서는 2.7~5.0%의 세율이 적용된다.

3. 임대법인세

- 임대법인의 법인세 신고 시 성실신고확인제도가 적용된다.
- 소규모 임대법인 등에 대한 법인세율은 19~24%가 적용된다(2025년 기준).
- 접대비와 차량비 한도규제가 있다.
- 2025년 중소기업 업종에서 제외된다. 이에 따라 고용세액공제 등

의 한도가 축소된다.

- 업무무관자산에 해당하면 지급이자 손금불산입 같은 불이익을 받는다.

4. 양도 법인세

- 법인이 상가를 양도하면 9~24%가 적용된다. 다만, 소규모 임대법인 등은 19~24%가 적용될 수 있다.
- 법인이 주택과 비사업용 토지를 양도하면 일반법인세 외에 추가 법인세(10~20%)가 별도로 과세된다.

5. 주식 양도세

- 특정 주식*을 50% 이상 양도하거나 부동산 과다보유법인(골프장 운영 업종 중 부동산이 차지하는 비율이 80% 이상인 법인을 말한다)의 주식을 1주라도 양도하면 세율은 6~45%를 적용한다. 주식 양도세율은 20%가 기본이다.

  * 자산 중 부동산이 50% 이상 차지하는 법인의 주식을 50% 소유한 경우를 말한다.

6. 상속·증여세

- 자산 중 부동산이 80% 이상 차지한 경우 순자산 가치로만 비상장 주식을 평가한다.
- 자산 중 부동산이 50% 이상 차지하는 경우 순자산 가치에 3, 순손익 가치에 2를 곱해 가중평균한다(일반법인은 전자 2, 후자 3을 곱해 가중평균한다).

상가 부가세 기초상식
(포괄양수도 포함)

부가세 과세와
면세대상의 구분

상가에 대한 세금 중 가장 까다로운 것이 바로 '부가세'다. 상가의 취득부터 임대 그리고 양도 등의 단계까지 이 세금이 줄줄이 따라다니기 때문이다. 그리고 이 과정에서 파생하는 문제들 또한 복잡해서 실수가 잦은 경우가 많다. 다음에서는 상가 투자나 중개 시에 알아야 하는 부가세에 대해 자세히 알아보자.

1. 부가세 과세대상

1) 원칙

부가세는 거래당사자의 거래 사실을 확인하고 근거를 통해 소득세 등을 과세하기 위한 세목에 해당한다. 부가세법 제4조에서는 사업자가 재화나 용역 등을 제공하면 원칙적으로 이를 부가세 과세대상으로 삼고 있다. 여기서 재화에는 부동산(토지는 제외)을 포함하며, 용역에는 임대용역을 포함한다.

2) 재화 공급의 특례

부가세 과세대상은 한마디로 재화와 용역의 공급이라고 요약할 수 있다. 그런데 다음과 같은 항목들은 원칙적으로 이와 무관하지만, 세 부담 없는 소비를 방지하기 위해 재화 등의 공급으로 보아 부가세를 과세하고 있다(부가세법 제10조). 실무에서 자주 등장하는 내용이므로 주의해서 살펴보기 바란다.

① 사업자가 자기의 과세사업과 관련해서 생산하거나 취득한 재화로서 매입세액공제를 받은 재화를 자기의 면세사업을 위해 직접 사용하거나 소비하는 것은 재화의 공급으로 본다(제1항).

⊙ 업무용 오피스텔을 취득하면서 부가세를 환급받은 후 주거용으로 사용하면 면세 재화에 해당하므로, 이 경우 재화의 공급으로 보아 부가세를 추징한다(부가세 부담 없는 소비 방지).

② 사업자가 자기생산·취득 재화를 자기의 고객이나 불특정 다수에게 증여하는 경우는 재화의 공급으로 본다(제5항).

③ 사업자가 폐업할 때 자기가 생산 또는 취득한 재화 중 남아 있는 재화는 자기에게 공급하는 것으로 본다(제6항).

⊙ 이는 부가세 납세의무가 다른 자에게 승계되지 않으면 당초 환급받은 부가세를 반환하는 제도를 말한다. 다만, 상가는 감가상각 기간(10년)을 고려해서 이 기간 내에 사업을 폐지하면 이 제도를 적용하고 있다.

3) 재화의 공급에서 제외

다음의 항목은 재화의 공급에 해당하나, 과세의 실익이 없어 재화의 공급에서 제외한다(부가세법 제10조 제9항).

① 조세의 물납

② 포괄양수도

이는 사업을 포괄적으로 양수도하는 것을 말한다(제9항 제2호).

⊙ 사업의 포괄양도 등은 재화의 공급으로 보지 않아 부가세가 과세되지 않는다. 이에 따라 부동산 임대업의 경우 부동산과 함께 사업 자체가 넘어갈 때 부가세 없이 거래할 수 있다. 이에 대한 자세한 내용은 이 장의 절세 탐구에서 다룬다.

2. 부가세 면세대상

다음과 같은 재화와 용역의 공급에 대해서는 부가세를 면제하고 있다.

구분	거래 형태
기초생활필수품 및 용역	• 미가공 식료품, 농·축·수·임산물, 수돗물 • 주택과 그 부수토지의 임대용역 • 공동주택 어린이집 임대용역 등
국민 후생	• 의료보건용역, 혈액 • 교육용역 등
문화	도서·신문·잡지·통신 및 방송 등(광고 제외)
부가가치생산요소	• 토지 • 금융·보험용역 등
조세정책 공익목적	• 우표, 인지, 증지, 특수용 담배 등
조특법상 특례	• 국민주택 및 국민주택 건설용역·리모델링 용역 • 관리 주체, 경비업자 또는 청소업자가 공동주택에 공급하는 일반관리용역·경비용역 및 청소용역 등

※ 상가와 부가세 과세·면세 요약

구분		취득	임대	양도
공급대상		재화	용역	재화
상가	토지*	X	○	X
	건물	○	○	○

* 토지의 공급에 대해서는 부가세가 면제된다. 하지만 토지의 임대에 대해서는 부가세가 과세된다.

상가에 대한 부가세 징수와
환급원리

재화인 부동산과 용역인 임대용역을 공급하면 부가세가 발생하는 것이 원칙이다. 그런데 부동산 중 토지의 공급은 부가세가 면제된다. 따라서 상가를 공급하면 과세되는 건물과 면세되는 토지를 한꺼번에 공급하는 결과가 된다. 이에 따라 상가의 공급과 관련한 부가세는 전적으로 건물의 가액에 따라 결정된다. 다음에서 상가에 대한 부가세 발생과 환급원리에 대해 알아보자.

1. 부가세 발생 원리

상가구입가액은 크게 건물 가액과 토지 가액 그리고 부가세 10%로 구성된다.

	건물 가액
상가구입가액	토지 가액
	부가세(건물 가액의 10%)

1) 신축 상가의 부가세

상가를 신축한 경우에는 시행사에서 건물과 토지의 가액을 정하기 때문에 이에 따라 건물분에 대한 부가세도 쉽게 결정된다.

2) 기존상가의 부가세

기존상가는 거래당사자가 토지와 건물의 가액을 정하는 것이 원칙이다. 다만, 이 과정에서 토지와 건물 가액의 구분이 불분명*한 경우에는 법에서 정한 방법에 따라 이를 안분해야 한다.

* 임의 구분한 금액이 기준시가로 나눈 금액에 30% 이상 차이가 난 경우 등을 말한다.

2. 부가세 환급원리

부가세는 매도자가 매수자로부터 징수해서 국가에 납부하는 한편, 매수자는 일반 과세자등록을 통해 이를 환급받을 수 있다.** 단, 간이과세자나 면세사업자는 환급을 받을 수 없다.

** 매도자는 징수하고 매수자는 환급을 받으므로 국가로서는 실익이 없다. 그래서 사업을 포괄적으로 양수도하면 부가세 없이 처리하도록 하고 있다.

3. 적용 사례

K 씨는 이번에 일반과세자로부터 기존상가를 다음과 같이 매수계약을 체결했다. 매매계약서상에는 "부가세는 매수자가 부담한다"라고 되어 있다.

구분	매매가액	기준시가
토지 가액	6억 원	토지 기준시가 : 2억 원
건물 가액		건물 기준시가 : 1억 원
부가세	?	–

01 이 경우 부가세는 얼마인가?

부가세를 매수자가 부담해야 하는 조건이다. 따라서 앞의 매매가액 6억 원에는 부가세가 포함되어 있지 않다. 이러한 일괄공급 상황에서는 '감정평가 → 기준시가'의 비율 순으로 안분계산해야 한다. 사례의 경우 기준시가로 안분 계산한다.

매매가액	공급가액 구분
6억 원	• 토지공급가액 = 6억 원×(2억 원/3억 원) = 4억 원
	• 건물공급가액 = 6억 원×(1억 원/3억 원) = 2억 원

부가세는 건물분에서 발생하므로 2,000만 원이 부가세가 된다. 그 결과 총 거래가액은 6억 2,000만 원이 된다.

02 만일 앞의 건물에 대해 감정평가를 받았다고 하자. 토지의 감정가액은 5억 원, 건물의 감정가액은 1억 원이라면 앞의 부가세는 얼마로 줄어들까?

감정가액이 있다면 이 금액으로 안분하는 것이 우선이므로 공급가액은 다음과 같이 구분할 수 있다.

매매가액	공급가액 구분
6억 원	• 토지공급가액＝6억 원×(5억 원/6억 원)＝5억 원
	• 건물공급가액＝6억 원×(1억 원/6억 원)＝1억 원

이렇게 감정평가액을 기준으로 안분하면 건물공급가액이 줄어들게 되어 부가세도 덩달아 줄어든다. 그 결과 총 거래가액은 6억 1,000만 원이 된다.

 토지와 건물 가액의 구분기준

기존상가를 매매한 경우 토지와 건물 가액의 구분기준을 요약·정리해보자.

① 건물 가액과 토지 가액의 구분이 되어 있는 경우

매매계약서 등에 기재된 건물 등의 실제 거래가액을 공급가액으로 한다.

② 건물 가액과 토지 가액이 구분되지 않거나 불분명한 경우

건물과 토지를 일괄공급하거나 구분이 됐지만, 기준시가의 비율로 안분하는 것에 비해 30% 이상 차이가 난 경우*에는 구분이 불분명한 경우로 보아 다음의 기준을 사용해서 안분한다.

* 단, 토지만을 사용하기 위해 구분한 경우 등은 이 규정을 적용하지 않는다.

• '감정평가액 비율→기준시가 비율→장부가액 비율→취득가액 비율'을 순차적으로 적용

상가 분양권의 거래와
부가세 계산

상가 분양권을 중도에 거래하는 경우가 종종 있다. 이때 당초 불입한 금액과 동일하게 거래되면 세무상 쟁점이 거의 없다. 다만, 거래금액이 달라질 때는 부가세와 관련해 다양한 쟁점이 발생한다. 다음에서 이에 대해 알아보자.

1. 상가 분양권 거래와 부가세

상가 분양권도 재화의 공급에 해당한다. 따라서 이때 매수자와 합의된 가격을 기준으로 부가세 업무를 처리해야 한다.

- 매도자가 환급받은 것은 분양권 매수자와 관련이 없다.
- 매도자가 환급받지 못한 것도 매수자와 관련이 없다.
- 따라서 거래금액에 맞춰 건물분에 대한 부가세를 계산해서 세금계산서 교부하든지 아니면 포괄양수도계약을 맺으면 된다.

2. 적용 사례

A 씨는 20×5년 4월 5일에 총 분양가의 10%를 지급하고 상가 103호에 대한 분양계약을 다음과 같이 체결했다.

- 총 분양가(103호)

구분	공급가액	부가세	계
토지	2억 원	–	2억 원
건물	2억 원	2,000만 원	2억 2,000만 원
계	4억 원	2,000만 원	4억 2,000만 원

- 분양계약 조건

구분	날짜	납부비율	납부액
계약일	20×5년 6월 10일	분양가 10%	4,200만 원
1차 중도금	20×5년 8월 10일	분양가 20%	8,400만 원
2차 중도금	20×5년 12월 10일	분양가 20%	8,400만 원
3차 중도금	20×6년 4월 5일	분양가 20%	8,400만 원
잔금	준공 시	분양가 30%	1억 2,600만 원
계	–	–	4억 2,000만 원

01 A 씨는 계약과 동시에 일반과세자로 사업자등록을 냈다. 이 경우 부가세는 얼마나 환급받는가?

계약금액이 4,200만 원인데 이는 토지와 건물 그리고 부가세로 구성되어 있다. 토지와 건물의 공급가액은 각각 2억 원이고 건물에 대한 부가세는 200만 원이 된다. 따라서 이 금액을 환급받을 수 있다.

02 만일 A 씨가 해당 부가세를 환급받지 않았다고 하자. 이 금액은 상가 분양권을 양도할 때 매수자로부터 회수할 수 있는가?

해당 부가세는 A 씨에게 주어진 권리에 해당한다. 따라서 이를 포기했으므로 그 이후의 거래와 무관하다. 따라서 해당 금액은 국고로 귀속된다.

03 A 씨가 계약금 지급 상태에서 상가 분양권을 양도하면 부가세는 어떤 식으로 발생하는가?

상가 분양권도 재화에 해당하므로 매수자와 합의로 건물분 공급가액에 대해 10%의 부가세가 발생한다.

돌발퀴즈

계약 시 환급받은 부가세는 상가 분양권 매수자에게 돌려줘야 하는가?
아니다. 환급받은 부가세는 이번 상가 분양권의 양도와 무관하다. 상가 분양권 매수자는 부가세가 발생하면 일반과세자로 등록해서 환급받으면 그뿐이다.

04 A 씨는 계약금을 지급 후에 상가 분양권을 B 씨에게 총 5,000만 원에 양도했다. 여기에는 부가세가 얼마나 포함되어 있는가?

상가 분양권도 재화에 해당하므로 5,000만 원에는 부가세가 포함되어 있다. 이때 부가세는 다음과 같은 식을 통해 계산한다.

- 건물공급가액 = 5,000만 원 × $\dfrac{\text{건물분양가(50\%)}}{\text{토지분양가(50\%)+건물분양가(50\%)+건물분양가 부가세(5\%)}}$

  = 23,809,523원

따라서 부가세는 이 금액의 10%이므로 2,380,952원이 된다. 결국, 이 거래는 다음과 같이 정리된다.

- 건물공급가액 : 23,809,523원
- 건물 부가세 : 2,380,952원
- 토지공급가액 : 23,809,525원
- 총 거래금액 : 50,000,000원

05 A 씨가 이 부가세를 내지 않는 방법은 무엇인가?

부가세는 별도라고 계약을 하던지, 아니면 매수자와 포괄양수도계약을 맺어야 한다.

06 앞의 경우 양도세는 얼마인가?

양도세는 부가세를 제외한 양도가액과 취득가액을 기준으로 과세된다. 보유기간이 1년 미만이면 세율 50%가 적용된다. 참고로 상가 분양권의 양도세율은 주택 분양권과는 달리 50%, 40%, 6~45%가 적용된다.

구분	금액	비고
양도가액	47,619,048원	부가세 2,380,952원
−취득가액	40,000,000원	부가세 200만 원 제외
=양도차익	7,619,048원	
−기본공제	2,500,000원	
=과세표준	5,119,048원	
×세율	50%	1년 미만 보유 시의 세율
=산출세액	2,559,524원	이 외 지방소득세 10%가 추가됨.

상가권리금과
부가세 등 처리법

  권리금(權利金)은 사업을 양도하는 과정에서 사업양도자가 양수자로부터 받은 금전을 말한다. 이러한 권리금에 대해서는 세금문제가 뒤따르는데 다음에서 이에 대해 살펴보자.

1. 권리금에 대한 소득의 구분

  권리금(실무상 이를 영업권이라고도 함)은 세법상 기타소득에 해당한다. 다만, 부동산과 함께 양도하면서 받은 영업권소득은 양도소득(기타자산)에 해당한다.

2. 권리금에 대한 세무처리

  권리금에 대한 세무처리를 요약하면 다음과 같다.

1) 기타소득에 해당하는 경우

① 세금계산서발급 및 부가세 신고의무

- 일반과세자 → 권리금에 대해서도 세금계산서를 발급해서 교부하는 것이 원칙이다. 부가세 신고의무가 있다.
- 간이과세자 → 권리금에 대해서는 세금계산서를 발급해서 교부할 수 없다. 부가세 신고의무가 있다.
- 면세사업자 → 세금계산서 대신 계산서를 발급한다. 면세사업자는 권리금에 대해서는 부가세 신고의무가 없다.

② 원천징수의무

- 권리금 지급자는 지급한 금액의 8.8%(또는 소득금액의 22%)를 원천징수해야 한다.
- 원천징수한 금액은 다음 달 10일까지 관할 세무서에 신고 및 납부해야 한다.
- 원천징수에 대한 지급명세서는 다음 해 2월 말일까지 국세청에 제출되어야 한다.

③ 소득세 신고

- 권리금 수령자는 다음 해 5월(성실신고확인사업자는 5~6월) 중에 다른 소득에 합산해서 이에 대해 소득세를 신고해야 한다.
- 권리금 수령 시 원천징수된 세액은 소득세 신고 때 산출세액에서 차감된다.

2) 양도소득에 해당하는 경우

양도소득에 해당하는 경우는 1)의 ① 세금계산서발급 및 부가세 신고의무가 있고, ② 원천징수의무는 없다. 한편 ③ 소득세 신고 대신에 양도세 신고를 해야 한다.

2. 적용 사례

K 씨는 음식점을 경영하고 있다. K 씨는 사업양수자와 포괄양수도 계약을 추진하고 있다. 이때 K 씨는 양수자에게 음식점 권리금으로 5,000만 원을 요구하고 있다.

01 권리금에 대해서는 부가세가 과세되는가?

과세사업을 운영하는 사업자가 당해 사업과 관련해서 영업권을 양도하고 대가를 받는 때는 부가세가 과세되는 것이 원칙이다. 다만, 포괄적으로 사업을 양도하면서 영업권에 대한 대가를 받는 때는 재화의 공급으로 보지 아니해서 부가세가 과세되지 아니한다(부가 46015-1695, 1998. 07. 28).

◉ 사례에서 포괄양수도로 계약하면 권리금에 대해서도 부가세가 발생하지 않는다.

02 권리금에 대해서는 소득세가 부과되는가?

사업양수도를 하면서 부동산과 함께 권리금이 수수되면 이는 양도소득에 해당하나, 부동산 양도 없이 받는 권리금은 기타소득에 해당한다.

03 권리금이 기타소득에 해당하면 필요경비는 얼마인가?

60%다. 즉, 권리금수입의 60%는 경비로 인정된다는 뜻이다.

04 권리금은 비용으로 처리할 수 있는가? 그리고 지급자는 원천징수를 해야 하는가?

권리금을 지급한 사업양수자인 K 씨는 이를 장부에 반영하면 5년 동안 비용으로 처리할 수 있다. 비용으로 처리가 되면 사업에 대한 소득세가 줄어들기 때문에 절세측면에서 유리하다. 단, 원칙적으로 세금계산서를 받아야 하며, 지급근거가 확인되어야 세무조사 시 문제가 없다는 점에 유의해야 한다. 한편 사업양수자 K 씨는 다음의 금액을 원천징수해야 한다. 만일 이에 대한 업무를 제대로 하지 않으면 가산세 등이 부과된다.

- 기타소득 금액*의 22% = (5,000만 원-5,000만 원×60%)×22% = 440만 원
- 또는 기타소득의 8.8% = 5,000만 원×8.8% = 440만 원

  * 기타소득 금액은 수입금액에서 필요경비(60%)를 제외한 금액을, 기타소득은 수입금액을 말한다.

절세 탐구 1 　 연속적인 재화(상가)의 공급과 부가세 과세원리

상가를 분양 또는 취득한 후 이를 연속적으로 양도·양수하는 과정에서 부가세와 관련해 혼란을 겪는 경우가 많다. 취득 후 10년 이내에 양도하면 당초 환급받은 부가세를 추징당하는지, 상가 임대사업자가 다른 업종을 운영하는 사업자에게 상가를 양도하면 역시 환급받은 부가세를 추징당하는지 등이 그렇다. 다음에서 사례를 통해 이에 대해 정리해보자.

| 자료 |

A 씨는 다음과 같이 상가를 분양받았다.

구분	토지분양대금	건물분양대금	부가세	계
20×6. 1. 1	5,000만 원	5,000만 원	500만 원	1억 500만 원
20×6. 2. 1	5,000만 원	5,000만 원	500만 원	1억 500만 원
20×6. 3. 1	1억 원	1억 원	1,000만 원	2억 1,000만 원
계	2억 원	2억 원	2,000만 원	4억 2,000만 원

Q1 A 씨가 이 부가세를 환급받기 위해서 취할 조치는 무엇인가?

일반과세자로 사업자등록을 하면 된다. 그리고 조기환급신청 등을 통해 환급을 받으면 된다.

Q2 A 씨는 이 부가세를 환급받은 후 임대를 하다가 5년 후에 음식점업을 준비하고 있는 B 씨에게 이 상가를 5억 원(부가세 별도)에 양도하고자 한다. 이때 부가세는 얼마인가? 단, 5년 후 건물공급가액은 1억 원으로 평가된다고 하자.

상가의 양도는 부가세법상 재화의 공급이므로 총 공급가액 중 건물 공급가액의 10% 상당액에 대해 부가세가 발생한다. 따라서 건물공급 가액 1억 원의 10%인 1,000만 원이 새롭게 발생한 부가세에 해당한다.

03 Q2처럼 거래하면 A 씨가 분양 당시 환급받은 2,000만 원은 추징되지 않는가?

A 씨가 당초 환급받은 부가세 2,000만 원은 이번 B 씨의 거래에 전혀 영향을 미치지 않는다. B 씨와 새로운 거래를 통해 부가세 1,000만 원이 발생했기 때문이다. 즉, A 씨의 부가세 징수의무를 B 씨가 이어받았기 때문이다. 만일 B 씨가 면세사업자라면 앞으로는 사업을 통해 부가세가 더 발생하지 않으므로 이때는 당초 환급받은 부가세 중 10년 중 미경과한 기간에 대한 부가세를 추징하게 된다(면세전용에 해당).

04 상가를 매수한 B 씨가 이 상가를 취득한 후 3년 후에 C 씨에게 6억 원(건물 가액 8,000만 원)에 양도하려고 한다. 이 경우 부가세는 얼마인가?

건물 가액은 8,000만 원으로 평가되므로 부가세는 800만 원이 발생하게 된다.

05 Q4에서 B 씨가 전 매수자 A 씨와 거래 시 발생한 부가세는 추징되지 않는가?

B 씨는 C 씨와 상가 양도거래를 통해 부가세 800만 원을 발생시켰다. 따라서 이를 징수해 납부하고 환급받거나, 포괄양수도가 성립하면 이의 없이 계약을 성사시킬 수 있다. 이렇게 부가세 거래가 이어지면 B 씨는 B 씨와 A 씨의 거래에서 발생한 부가세 1,000만 원은 전혀 신경

쓸 필요가 없다.

이렇게 상가의 양도거래가 'A → B → C 등'으로 이어지는 과정에서 발생한 부가세는 납부 및 환급되면서 최종소비자에 이르게 된다. 예를 들어 앞의 상가의 최초 건물공급가액은 2억 원(부가세는 2,000만 원)이었는데 20년 후에 10억 원이 됐다면 최종적인 부가세는 1억 원이 된다. 따라서 최종소비자(소유자)가 이 단계에서 사업을 폐지한다면 더 부가세가 전가되지 않으므로 이때 누적된 부가세를 한꺼번에 추징당할 가능성이 커진다.

◉ 결국, 일반과세자인 상가 소유자가 취득 시 부가세를 환급받은 후 소유자의 납세의무가 매수자에게 이전되는 경우에는 추징문제가 발생하지 않는다. 하지만 거래 후에 부가세가 발생하지 않으면 세금추징문제가 발생한다. 그 중 대표적인 것이 바로 폐업 시 잔존재화나 면세전용이다. 국가 입장에서는 지속해서 부가세 유입을 기대하고 있는데 이러한 행위로 인해 부가세 징수가 끊어지므로 당초 환급액 중 10년 중 미경과한 부분에 대한 부가세를 추징하게 된다.

절세 탐구 2   상가의 공급과 폐업 시 잔존재화의 구분

실무자들은 '재화의 공급'과 '폐업 시 잔존재화'에 대한 부가세제도를 구분해야 한다. 전자는 외부에 재화를 공급할 때 발생하며, 후자는 취득 후 10년 이내에 사업을 폐지하거나, 면세사업용으로 전환하는 경우 사업자 자신에게 공급한 것으로 보아 부가세를 부과하는 제도를 말한다.

1. 상가의 공급과 폐업 시 잔존재화의 구분

1) 상가의 공급

상가를 유상으로 공급하면 본인의 권리와 의무가 매수자에게 그대로 이전된다. 따라서 다음과 같은 원리가 성립한다.

- 공급은 새로운 것으로 본다. 따라서 이때 매매가격에 맞춰 부가세가 발생한다.
- 매도자가 당초 환급받은 세액 또는 환급받지 못한 세액은 이번 계약과 무관하다.

2) 폐업 시 잔존재화

부가세 과세사업자가 감가상각 기간(10년)이 경과하기 전에 상가 임대업에 대한 사업자등록을 폐지한 때도 있다. 이 경우 폐업 시 잔존하는 재화에 대해 부가세가 과세된다. 당초 부가세를 환급해준 이유는 이 기간만큼 계속 부가세가 발생해줄 것으로 기대했는데 중간에 이를 폐지했기 때문이다. 다만, 다른 사업자에게 상가를 양도해서 부가세가 계속 발생하면 이러한 제도를 적용하지 않는다. 부가세 납세의무가 이어지고 있기 때문이다.

※ '10년'을 둔 이유

폐업 시 잔존재화에 대한 부가세 10%를 거두기 위해서는 잔존재화에 대한 시가를 정해야 하는데, 이에 부가세법은 건물은 1과세기간(6개월) 동안 5%씩 감가상각이 되는 것으로 보아 폐업 시점의 시가를 정하고 있다. 연수로 환산하면 10년이 된다. 결국 '10년'은 건물이 감가상각이 완료되는 기간을 의미한다고 보면 된다(참고로 법인세법 등에서는 감가상각을 위한 기준내용연수를 40년 등으로 정하고 있다).

3) 잔존재화의 시가 계산법

폐업 시의 잔존재화가 상가 같은 감가상각 자산이면 다음 산식에 따라 계산한 금액을 그 재화의 시가로 본다.

- 간주시가＝해당 재화의 취득가액×(1-체감률*×경과된 과세기간의 수**)

  * 체감률은 건물·구축물의 경우 5%, 기타의 감가상각 자산은 25%로 한다.
  ** 경과된 과세기간(6개월)의 수는 건물의 경우에는 20을, 기타의 감가상각 자산은 4를 한도로 한다.

결국 20과세기간(10년) 동안에 사용하고 남은 잔존가치가 해당 자산의 시가인 셈이 된다.

2. 적용 사례

사례를 통해 앞의 내용을 알아보자.

┌───┐
| 자료 |

- 상가 취득 시기 : 20×4년 1월 1일
- 상가 취득금액 : 5억 원(부가세 2,000만 원 별도)
- 임대개시일 : 20×4년 1월 1일
└───┘

01 앞의 상가 소유자는 취득 시 부가세를 얼마나 환급받았을까?

자료를 보면 2,000만 원이라고 되어 있다.

02 만일 이 상가를 6억 원에 양도하면 내야 할 부가세는 얼마나 되는가?

이 상가 중 건물은 부가세법상 재화를 공급하는 것에 해당한다. 따라서 이에 대해서는 10%의 부가세가 과세된다. 만일 총 6억 원 중 건물의 공급가액이 3억 원이라면 부가세는 3,000만 원이 된다.

03 매수자는 자금부담 때문에 부가세 없이 거래하고 싶어 한다. 어떻게 하면 되는가?

상가 임대업을 포괄적으로 양도·양수하면 부가세 없이 상가를 매매할 수 있다.

04 앞의 상가 소유자는 임대 후 5년 정도에 임대업을 폐지했다. 이 경우 세법상 어떤 문제점이 있는가?

이 경우에는 당초 환급받은 부가세의 반환문제가 있다. 세법은 10년 (20과세기간) 정도의 감가상각 기간 내에 해당 부동산을 통해 부가세가 발생(임대료에 대한)할 것을 기대하고 부가세를 환급해줬는데, 사례의 경우 5년 정도만 사업을 하고 이를 폐지했기 때문에 미경과 한 5년분에 대한 부가세를 추징하게 된다.

- 반환해야 할 부가세 = 2,000만 원×5년/10년 = 1,000만 원

Q5 Q4에서 부가세를 추징당하지 않으려면 어떻게 해야 하는가?

폐업 전에 양도를 마치는 것이 좋다. 이렇게 하면 5년과 무관하게 부가세 추징을 당하지 않는다. 물론 포괄양수도로 양수도해도 된다.

Q6 부가세와 양도세는 어떻게 신고 및 납부해야 하는가?

부가세는 폐업일이 속한 달의 다음 달 25일까지, 양도세는 폐업일이 속한 달의 말일로부터 2개월 이내에 신고 및 납부해야 한다.

 재화의 공급과 폐업 시 잔존재화에 따른 부가세 과세 여부

재화의 공급과 폐업 시 잔존재화에 따른 부가세 과세 여부를 요약하면 다음과 같다.

구분	폐업 전 상가 양도	폐업 후 상가 양도
10년 이내	VAT ○ → 재화의 공급에 해당	VAT ○ → 폐업 시 잔존재화에 해당
10년 후	VAT ○ → 재화의 공급에 해당	VAT ✕ → 비사업자에 해당해 부가세 미발생함.

절세 탐구 3 　상가의 포괄양수도와 세무상 쟁점

상가 매수자는 가급적 부가세를 내지 않는 방법을 선호한다. 이때는 임대업 자체를 포괄적으로 양도하면 부가세를 생략한 채 거래할 수 있다. 다음에서 상가 거래 시 자주 발생하는 포괄양수도에 대해 마지막으로 정리해보자. 실무적으로 중요한 내용이 된다.

1. 포괄양수도와 세무상 쟁점

1) 포괄양수도란

포괄양수도는 사업에 관한 권리와 의무를 포괄적으로 양수도하는 것을 말한다. 사업의 동질성을 전제로 경영 주체만 교체시키는 것으로, 세법은 이에 해당하면 재화의 공급에서 제외해서 부가세 업무부담을 줄여주고 있다.

2) 포괄양수도와 세무상 쟁점

상가의 포괄양수도와 관련해서는 다음과 같은 쟁점들이 발생한다.

- 포괄양수도의 요건을 정확히 알고 있는가?
- 포괄양수도계약서 작성과 이에 대한 진행절차를 알고 있는가?
- 포괄양수도가 아님에도 포괄양수도로 처리하거나, 그 반대인 경우의 세무상 위험을 알고 있는가?
- 포괄양수도 대리 납부제도를 아는가?

2. 포괄양수도의 요건

사업 자체를 양수도할 때 가장 중요한 것은 해당 거래가 부가세법 제10조 제9항 제2호에서 규정하고 있는 재화의 공급에서 제외되는 사업의 양도(포괄양수도)에 해당하는지의 여부다. 이에 해당해야 부가세 없이 거래할 수 있기 때문이다. 참고로 이러한 포괄양수도에 해당한 상태에서 세금계산서를 교부하면 양도자는 큰 문제가 없지만, 양수자는 가산세의 불이익이 있다. 이러한 점을 참고해서 부가세법상 포괄양수도의 요건부터 차례대로 알아보자.

1) 부가세법 제10조 제9항 제2호

⑨ 다음 각호의 어느 하나에 해당하는 것은 재화의 공급으로 보지 아니한다.

　1. 생략

　2. 사업을 양도하는 것으로서 대통령령으로 정하는 것. 다만, 제52조 제4항에 따라 그 사업을 양수받는 자가 대가를 지급하는 때 그 대가를 받은 자로부터 부가가치세를 징수해서 납부한 경우는 제외한다.*

* 이 단서 규정은 사업양수자가 부가세를 대리납부한 경우에는 사업의 양도에서 제외한다는 것을 말한다. 따라서 이 경우에는 세금계산서를 주고받아야 한다. 이에 대한 정확한 의미는 다음의 사례에서 확인해보자.

2) 부가세법 시행령 제23조

부가세법 제10조 제9항 제2호 본문에서 "대통령령으로 정하는 것"이란 사업장별로 그 사업에 관한 모든 권리와 의무를 포괄적으로 승계시키는 것(양수자가 승계받은 사업 외에 새로운 사업의 종류를 추가하거나 사업의 종류를 변경한 경우를 포함)을 말한다. 이 경우 그 사업에 관한 권리와 의무 중 다음 각호의 것을 포함하지 아니하고 승계시킨 경우에도 그 사업을 포괄적으로 승계시킨 것으로 본다.

1. 미수금에 관한 것

2. 미지급금에 관한 것
3. 해당 사업과 직접 관련이 없는 토지·건물 등에 관한 것으로서 기획재정부령으로
정하는 것

여기에 중요한 내용이 몇 개 담겨 있는데 이를 분석하면 다음과 같다.

첫째, 포괄양수도는 '사업장별'로 진행되어야 한다. 여기서 사업장은
사업자등록이 된 장소를 말한다고 봐도 된다.*

*여러 개의 임대사업장을 하나의 사업자로 등록한 경우에는 실질이 여러 사업장이므로 이 중 하나를 포괄 양도하면 이를 인정한다(부가-1440, 2011. 11. 18 등). 그런데 집합건물 내에 2개 이상의 구분점포를 소유한 자가 이를 하나의 사업장으로 해서 사업자등록을 하고 부동산 임대업을 영위하다가 그 중 임대차계약 기간이 만료되어 공실 상태인 하나의 구분점포를 양도하는 경우에는 사업의 양도에 해당하지 아니한다(법규 부가 2011-450, 2011. 11. 15). 이렇듯 임대업의 경우 사업장의 형태 등에 따라 다양한 사례들이 발생하고 있으므로 반드시 세무전문가를 통해 확인을 받도록 한다. 포괄양수도 판단을 그르치면 예기치 못한 세무상 위험이 커지기 때문이다.

둘째, 양수자가 승계받은 사업 외에 새로운 사업의 종류를 추가하거
나 사업의 종류를 변경한 경우에는 주의해야 한다.
앞의 법 규정은 이를 포함한다고 하고 있으나, 과세관청은 포괄양수
도 시점에서는 동일한 업종을 유지해야 사업양도로 보기 때문이다. 물
론 양수도 이후에 업종을 변경하는 것은 문제가 없다. 다음 해석을 참
조하기 바란다.

※ 법규 부가 2012-152, 2012. 4. 17

부동산매매업을 영위하는 양도인이 신축 취득해서 일시적으로 임대하던 쟁점 부동산
을 3인의 양수인이 층별로 나누어 각각 양수해서 별개의 사업자로 등록하고 기존의 임
대차계약을 승계해서 부동산 임대업을 영위하는 경우 사업의 양도에 해당하지 아니하
는 것임.**

** 양도자는 매매업, 양수자는 임대업을 영위하고 있어 이를 사업양도로 보지 않는다.

셋째, 사업에 관한 권리와 의무가 그대로 승계되어야 하나, 사업과 무관한 것은 승계되지 않아도 된다. 최근에는 매출채권이나 매입채무, 종업원 일부 등도 승계되지 않아도 이를 포괄양수도로 봐주는 경우가 많아지고 있다.

◉ 상가 임대업의 경우, 임대보증금과 임차인은 그대로 승계되는 것이 원칙이다. 단, 은행 대출은 승계되지 않고 양도자가 상환해도 문제는 없어 보인다. 참고로 양도자가 임차인에게 양도할 때는 포괄양수도에 해당하지 않는다.

이 외에도 폐업신고 시에 폐업신고서와 사업자등록증, 사업양수도계약서,* 사업양도신고서*를 관할 세무서에 제출해야 한다.

* 단, 사업양수도계약을 체결하지 않거나 사업양도신고서를 제출하지 않아도 실질이 포괄양수도에 해당하면 이를 인정한다.

※ 사업양도의 구체적 범위(부가세 집행기준 10-23-1)

'재화의 공급으로 보지 아니하는 사업양도'란 사업장별로 사업용 자산을 비롯한 물적·인적시설 및 권리와 의무를 포괄적으로 승계시키는 것을 말하며(미수금, 미지급금, 사업과 관련 없는 토지·건물 등 제외), 다음과 같은 사례가 포함된다.

1. 개인인 사업자가 법인설립을 위해 사업장별로 그 사업에 관한 모든 권리와 의무를 포괄적으로 현물출자하는 경우
2. 과세사업과 면세사업을 겸영하는 사업자가 사업장별**로 과세사업에 관한 모든 권리와 의무를 포괄적으로 양도하는 경우

    ** 포괄양수도에 해당하기 위해서는 기본적으로 사업장(사업자등록이 되어 있는 사업장) 단위로 양수도가 되어야 한다.

3. 과세사업에 사용·소비할 목적으로 건설 중인 독립된 제조장으로서 등록되지 아니한 사업장에 관한 모든 권리와 의무를 포괄적으로 양도하는 경우
4. 사업과 관련 없는 특정 권리와 의무, 사업의 일반적인 거래 이외에서 발생한 미수채권·미지급채무를 제외하고 사업에 관한 모든 권리와 의무를 승계시키는 경우***

    *** 매출채권을 일부 제외해도 포괄양수도로 인정하는 예도 있다. 실무적용 시 참고하기 바란다.

5. 사업의 포괄적 승계 이후 사업양수자가 사업자등록만을 지연하거나 사업자등록을 하지 아니한 경우

6. 사업을 포괄적으로 승계받은 자가 승계받은 사업 이외에 새로운 사업의 종류를 추가하거나 사업의 종류를 변경한 경우(2006. 2. 9. 이후 사업양도분부터 적용)*

   * 포괄양수도 시점에서는 동일한 업종을 영위하고 있어야 한다.

7. 주사업장 외에 종사업장을 가지고 있는 사업자 단위 과세승인사업자가 종사업장에 대한 모든 권리와 의무를 포괄적으로 승계시키는 경우

8. 2 이상의 사업장이 있는 사업자가 그중 한 사업장에 관한 모든 권리와 의무를 포괄적으로 양도하는 경우

※ **사업양도에 해당하지 아니하는 사례(부가세 집행기준 10-23-2)**

1. 사업과 직접 관련이 있는 토지와 건물을 제외하고 양도하는 경우

2. 부동산매매업자 또는 건설업자가 일부 부동산 또는 일부 사업장의 부동산을 매각하는 경우

3. 종업원 전부, 기계설비 등을 제외하고 양도하는 경우**

   ** 종업원 일부는 제외해도 포괄양수도로 인정되나, 핵심 자산인 기계설비 등을 제외하면 포괄양수도로 인정을 받지 못한다.

4. 부동산 임대업자가 임차인에게 부동산 임대업에 관한 일체의 권리와 의무를 포괄적으로 승계시키는 경우***

   *** 임차인을 대상으로 포괄양수도하는 것은 인정되지 않음에 유의해야 한다.

5. 일부 과세대상 사업용 부동산을 먼저 양도하고 동일한 과세기간 경과 후 나머지 사업과 관련된 권리·의무, 종업원 등을 양도하는 경우

◉ 실무적으로 포괄양수도인지, 아닌지의 구별이 힘들 수 있다. 다시 강조하지만, 반드시 세무전문가의 확인을 받아 실무처리를 하기 바란다.

3. 적용 사례 1

K 씨는 아파트상가를 낙찰받아 건물 기준시가의 10%를 환급받지 아니한 간이과세사업자다. 현재 이 건물은 보증금 4,000만 원/월세

150만 원에 임대하고 있다. 임차인은 간이과세자로서 부동산 중개업을 하고 있다. K 씨는 이러한 상황에서 이 상가를 양도할 계획을 세우고 있다.

01 **양수자는 비사업자인데 포괄양수도가 가능한가?**

계약 시점에 비사업자라고 하더라도 계약 후에 사업자등록을 하면 된다.

02 **K 씨가 간이과세자인 상태에서 포괄양수도계약을 하면 양수자는 간이 사업자로 등록을 해야 하는가?**

원래 양도자가 일반과세자면 양수자는 반드시 일반과세자로 사업자등록을 해야 한다(부가세법 시행령 제109조 2항 8호). 하지만 사례와 같이 양도자가 간이과세자면 양수자는 간이 또는 일반과세자를 선택해서 사업자등록을 할 수 있다. 따라서 사례의 경우 K 씨가 간이과세자 상태에서 일반과세자에게 부동산을 양도하는 경우 재화의 공급으로 보지 않는 사업의 양도가 가능하다.

03 **만일 K 씨가 일반과세자라고 하자. 그리고 매수자는 간이과세자다. 이 상태에서 포괄양수도를 한다면 매수자는 간이과세자를 유지할 수 있을까?**

아니다. 이 경우에는 일반과세자로 등록해야 한다(자동으로 변경된다).

04 만일 K 씨가 중개업을 운영하는 임차인과 포괄양수도계약을 하면 이를 인정받는가?

임대인이 임차인을 대상으로 양도하는 경우에는 포괄양수도로 인정받지 못한다.

05 K 씨와 매수자 간에 포괄양수도가 가능하다면 상가 매매계약서 특약란에 '이 계약은 포괄양수도계약임'이라는 문구만 넣어도 가능한가, 아니면 따로 포괄양수도계약서를 작성해서 세무서에 제출해야 하는가?

양도계약서를 첨부한 사업양도신고서(별지 제31호 서식)를 양도자가 당해 사업장에 대한 부가세 확정신고 시 제출해야 한다. 여기서 사업양도계약서는 별도로 작성하는 것이 일반적이고, 이를 별도로 작성하지 않고 일반 매매계약서에 특약으로 기재해도 문제가 없다. 참고로 이때 이러한 기재 내용이 없더라도 문제가 없다.

※ 부가세 포괄양수도계약

포괄양수도계약은 매도자와 매수자의 사업자 유형에 따라 성립 여부가 달라진다.

매도자	매수자	포괄양수도 성립 여부
일반과세자	일반과세자	성립
	간이과세자	성립 (단, 간이과세자는 자동으로 일반과세자가 됨)
	면세사업자	불성립
	겸업 사업자	불성립*
간이과세자	일반과세자	성립
	간이과세자	성립
	면세사업자	불성립
	겸업 사업자	불성립

매도자	매수자	포괄양수도 성립 여부
면세사업자	모든 사업자	불성립
겸업 사업자	일반과세자	성립
	간이과세자	성립
	면세사업자	불성립
	겸업 사업자	불성립

* 부동산 임대업자가 임대업에 사용하던 부동산을 과세사업과 면세사업을 겸업하는 약국 사업자에게 양도하고, 양수자는 해당 부동산을 약국 사업(과세·면세사업 겸업)에 사용하는 경우에는 사업의 양도에 해당하지 아니하는 것이다(서면 3팀-3059, 2006. 12. 7).

4. 적용 사례 2

사업양도자와 양수자가 실질이 포괄양수도에 해당해서 포괄양수도로 계약했으나 세금계산서를 발급했다.

Q1 포괄양수도로 계약했음에도 불구하고 세금계산서를 발급하면 어떤 문제가 있는가?

포괄양수도에 해당하면 이는 재화의 공급이 아니므로, 세금계산서를 교부하면 안 된다. 따라서 이 경우 양도자에게 매출세액을 환급해주는 대신, 양수자에게는 매입세액을 추징한다(신고불성실가산세 등 있음).

⊙ 이는 세법을 위반한 것이라기보다는 실무착오로 보아 위와 같이 조치를 취한다. 다만, 양수자는 신고불성실가산세 등이 있으므로 유의해야 한다.**

** 양수자가 이러한 위험을 줄이는 방법이 바로 양수자가 부가세를 대신 납부(대리 납부)하면 된다. 이에 대해서는 바로 뒤에서 살펴본다.

02 만일 포괄양수도가 아님에도 포괄양수도로 처리하면 어떤 문제가 있을까?

이 경우에는 세금계산서를 발급하지 않았으므로 양도자한테는 매출세액 추징 및 세금계산서 관련 가산세를 부과하고, 양수자에 대해서는 매입세액 불공제를 한다.

▶ 불이익이 가장 큰 유형에 해당한다.

03 포괄양수도인지 아닌지 판단이 서지 않아 세금계산서를 발급해서 실무처리를 할 때는 어떤 문제가 있는가?

일반신고에 따라 처리를 한다. 즉, 양도자는 적법하게 신고 및 납부를 하고, 양수자는 조기환급신청 등을 통해 환급을 받는다.

▶ 실무에서는 이러한 방식으로 처리하는 경우가 많다.

※ **사업양수도와 실무처리 요약**

구분	양도자	양수자
① 사업양수도인데, 세금계산서 발급	매출세액 환급 (세금계산서 가산세는 없음)	공제받은 매입세액 반환 (신고불성실가산세 등 있음)*
② 사업양수도 아닌데, 세금계산서 미발급	매출세액 추징 (세금계산서 관련 가산세 부과)	매입세액 불공제
③ 사업양수도 여부가 불분명해, 세금계산서 발급	매출세액 신고 및 납부	매입세액 공제(환급)

* 사업양도 시 수수한 세금계산서에 대한 가산세(부가가치세 집행기준 60-0-17)

재화의 공급으로 보지 아니하는 사업양도에 해당하는 거래에 대해서 양수자가 대리 납부하지 아니하고 양도자가 세금계산서를 발급하고 부가가치세 신고와 함께 매출(매입)처별 세금계산서합계표에 기재해서 제출한 경우 매출(매입)처별 세금계산서합계표가산세를 적용하지 아니하나, 신고불성실가산세, 초과환급신고가산세 및 납부·환급불성실가산세는 적용한다.

◉ 표의 ①에서의 가산세 부담을 없애기 위해서는 사업양수자가 양도자로부터 부가세를 징수해서 대리 납부(다음 달 25일까지 신고 및 납부)하면 가산세를 부과하지 않는다. 참고로 이렇게 양수자가 납부한 대리 납부세액은 양수자가 환급신청을 통해 환급을 받게 된다. 한편, 양도자는 향후 부가세 확정신고 시 신고서상의 "사업양수자의 대리 납부 기납부세액"란에 기재해서 매출세액에서 공제받는다. 양수자가 대신 납부를 했기 때문이다.

포괄양수도에 해당하나 세금계산서를 교부한 경우의 실무처리법

원래 포괄사업양수도계약을 맺으면 세금계산서를 발급하지 않는 것이 원칙이다. 하지만 실무에서 보면 포괄양수도계약을 맺었음에도 세금계산서를 발급하는 경우가 왕왕 있다. 이러한 상황에서 실무처리를 어떻게 할 것인지가 쟁점이 되곤 했다. 다음 사례를 통해 이 문제를 해결해보자.

사례

> K 씨는 상가를 매수하면서 포괄양수도계약을 했다. 그런데 포괄양수도계약을
> 했으나 이에 대해 확신이 서지 않아 세금계산서를 주고받기로 했다. 이러한 상
> 황에서 K 씨는 부가세 환급신청을 하려고 준비하고 있다. 그런데 관할 세무서에
> 서는 사업양수자인 K 씨가 부가세를 내야 환급이 가능하다고 한다. 왜 그럴까?

앞의 문제에 대해 논리적으로 답을 찾아보자.

STEP 1 **쟁점은?**

사업양수자인 K 씨가 양도자에게 지급한 부가세를 환급받기 위해 K 씨가 부가세를
대리 납부*해야 하는지가 쟁점이 된다.

* 대리 납부는 사업양도자를 대신해서 사업양수자가 부가세를 내는 제도에 해당한다.

STEP 2 **세법규정은?**

사업의 양도는 세금계산서를 발급하지 않는 것이 원칙이다. 그런데 공급시기에 세금
계산서를 발급하고 대가를 지급한 달의 말일로부터 25일까지 대리 납부하는 경우에
는 적법한 처리방법으로 본다. 다만, 기한 내 부가세가 납부되지 않으면 이 제도가 적
용되지 않는다.

STEP 3 결론은?

이 제도는 해당 부가세액이 국고에 입금됐음을 확인한 후에 이를 양수자에게 환급해 주겠다는 취지가 있다. 따라서 양수자가 대리 납부하지 않으면 환급받지 못한다는 점에 유의해야 한다.

※ 포괄양수도 여부에 따른 부가세 발생과 환급의 관계

구분	부가세 발생 여부	매수자의 부가세 환급조건
포괄양수도○	• 원칙 : X • 예외 : ○(세금계산서 발급)	세금계산서 발급한 경우 매수자가 대리 납부해야 환급 가능*
포괄양수도X	○(세금계산서 발급)	일반신고를 통해 환급

* 대리 납부제도를 이용하지 않으면 일반신고를 통해 환급을 받아야 할 것으로 보인다. 실무적용 시에는 세무전문가와 상의하기 바란다.

신방수 세무사의
확 바뀐 상가 투자 세무 가이드북(실전 편)

제1판 1쇄 2025년 1월 3일

지은이 신방수
펴낸이 한성주
펴낸곳 ㈜두드림미디어
책임편집 신슬기
디자인 노경녀(nkn3383@naver.com)

㈜두드림미디어
등 록 2015년 3월 25일(제2022-000009호)
주 소 서울시 강서구 공항대로 219, 620호, 621호
전 화 02)333-3577
팩 스 02)6455-3477
이메일 dodreamedia@naver.com(원고 투고 및 출판 관련 문의)
카 페 https://cafe.naver.com/dodreamedia

ISBN 979-11-94223-20-7 (03320)